Desenvolvimento Real de Software

Um Guia de Projetos para Fundamentos em Java

O'REILLY®

Desenvolvimento Real de Software

Um Guia de Projetos para Fundamentos em Java

Raoul-Gabriel Urma
& Richard Warburton

ALTA BOOKS
EDITORA
Rio de Janeiro, 2021

Desenvolvimento Real de Software

Copyright © 2021 da Starlin Alta Editora e Consultoria Eireli.
ISBN: 978-65-5520-201-4

Authorized Portuguese translation of the English edition of Real-World Software Development ISBN 9781491967171 © 2020 Functor Ltd. and Monotonic Ltd. This translation is published and sold by permission of O'Reilly Media, Inc., which owns or controls all rights to publish and sell the same.

Todos os direitos estão reservados e protegidos por Lei. Nenhuma parte deste livro, sem autorização prévia por escrito da editora, poderá ser reproduzida ou transmitida. A violação dos Direitos Autorais é crime estabelecido na Lei nº 9.610/98 e com punição de acordo com o artigo 184 do Código Penal.

A editora não se responsabiliza pelo conteúdo da obra, formulada exclusivamente pelo(s) autor(es).

Marcas Registradas: Todos os termos mencionados e reconhecidos como Marca Registrada e/ou Comercial são de responsabilidade de seus proprietários. A editora informa não estar associada a nenhum produto e/ou fornecedor apresentado no livro.

Impresso no Brasil — 1ª Edição, 2021 — Edição revisada conforme o Acordo Ortográfico da Língua Portuguesa de 2009.

Erratas e arquivos de apoio: No site da editora relatamos, com a devida correção, qualquer erro encontrado em nossos livros, bem como disponibilizamos arquivos de apoio se aplicáveis à obra em questão.

Acesse o site **www.altabooks.com.br** e procure pelo título do livro desejado para ter acesso às erratas, aos arquivos de apoio e/ou a outros conteúdos aplicáveis à obra.

Suporte Técnico: A obra é comercializada na forma em que está, sem direito a suporte técnico ou orientação pessoal/exclusiva ao leitor.

A editora não se responsabiliza pela manutenção, atualização e idioma dos sites referidos pelos autores nesta obra.

Dados Internacionais de Catalogação na Publicação (CIP) de acordo com ISBD

U77d	Urma, Raoul-Gabriel
	Desenvolvimento Real de Software: um guia de projetos para fundamentos em Java / Raoul-Gabriel Urma, Richard Warburton ; traduzido por Cibelle Ravaglia. - Rio de Janeiro, RJ : Alta Books, 2021.
	192 p. : il. ; 17cm x 24cm.
	Tradução de: Real-World Software Development
	Inclui índice.
	ISBN: 978-65-5520-201-4
	1. Ciência da Computação. 2. Programas de computador. 3. Java. 4. Software. I. Warburton, Richard. II. Ravaglia, Cibelle. III. Título.
	CDD 005.3
2021-2564	CDU 004.42

Elaborado por Vagner Rodolfo da Silva - CRB-8/9410

Rua Viúva Cláudio, 291 — Bairro Industrial do Jacaré
CEP: 20.970-031 — Rio de Janeiro (RJ)
Tels.: (21) 3278-8069 / 3278-8419
www.altabooks.com.br — altabooks@altabooks.com.br

Produção Editorial
Editora Alta Books

Gerência Comercial
Daniele Fonseca

Editor de Aquisição
José Rugeri
acquisition@altabooks.com.br

Produtores Editoriais
Illysabelle Trajano
Maria de Lourdes Borges
Thales Silva

Marketing Editorial
Livia Carvalho
Gabriela Carvalho
Thiago Brito
marketing@altabooks.com.br

Equipe de Design
Larissa Lima
Marcelli Ferreira
Paulo Gomes

Diretor Editorial
Anderson Vieira

Coordenação Financeira
Solange Souza

Produtor da Obra
Thiê Alves

Equipe Ass. Editorial
Brenda Rodrigues
Caroline David
Luana Rodrigues
Mariana Portugal
Raquel Porto

Equipe Comercial
Adriana Baricelli
Daiana Costa
Fillipe Amorim
Kaique Luiz
Victor Hugo Morais
Viviane Paiva

Atuaram na edição desta obra:

Tradução
Luciana Ferraz

Copidesque
Eveline Vieira Machado

Revisão Técnica
Rodrigo Freitas
(Especialista em Desenvolvimento de Software)

Revisão Gramatical
Fernanda Lutfi
Kamila Wozniak

Diagramação
Luisa Maria Gomes

Ouvidoria: ouvidoria@altabooks.com.br

Editora afiliada à:

Sumário

Sobre os Autores xi

Prefácio xiii

Por Que Escrevemos Este Livro   xiii

Uma Abordagem para Desenvolvedores   xiv

O Que Está no Livro?   xiv

Quem Deveria Ler Este Livro?   xv

Convenções Usadas Neste Livro   xv

Utilizando Exemplos de Código   xvi

1. Começando a Jornada 1

Temas   1

     Recursos Java   1

     Design e Arquitetura de Software   2

     SOLID   2

     Teste   3

Síntese dos Capítulos   3

Iterando   4

2. Análise de Extratos Bancários 5

O Desafio   5

O Objetivo   5

Requisitos do Analista de Extratos Bancários   6

Princípio KISS   6

     Variáveis final   8

Manteneabilidade do Código e Antipadrões   8

     Classe Deus   9

     Duplicação de Código   9

Princípio de Responsabilidade Única		10
Coesão		14
	Coesão no Nível da Classe	16
	Coesão no Nível do Método	20
Acoplamento		20
Teste		22
	Teste Automatizado	23
	Utilizando o JUnit	24
	Code Coverage	27
Conclusões		28
Iterando		28
Concluindo o Desafio		28

3. Estendendo o Analista de Extratos Bancários **29**

O Desafio		29
O Objetivo		29
Requisitos do Analista de Extratos Bancários Estendido		30
Open/Closed Principle		30
	Criando uma Instância a partir de uma Interface Funcional	33
	Expressões Lambda	34
Problemas nas Interfaces		34
	Interface Deus	35
	Muito Granular	36
API Explícita Versus Implícita		36
	Classe de Domínio ou Valor Primitivo?	38
Múltiplos Exportadores		39
	Introduzindo um Objeto de Domínio	39
	Definindo e Implementando a Interface Adequada	41
Tratamento de Exceções		42
	Por Que Usar Exceções?	43
	Padrões e Antipadrões com Exceções	44
	Diretrizes para Usar Exceções	49
	Alternativas às Exceções	51
Usando uma Build Tool		52
	Por Que Usar uma Build Tool?	52
	Usando Maven	53
	Usando Gradle	57

Conclusões	59
Iterando	60
Concluindo o Desafio	60

4. Sistema de Gerenciamento de Documentos 61

O Desafio	61
O Objetivo	61
Requisitos do Sistema de Gerenciamento de Documentos	62
Desenvolvendo o Design	62
Importadores	63
A Classe Document	65
Atributos e Documentos Hierárquicos	66
Implementando e Registrando Importadores	67
Liskov Substitution Principle (LSP)	69
Abordagens Alternativas	71
Tornando Importer uma Classe	71
Opções de Escopo e Encapsulamento	71
Estendendo e Reutilizando Códigos	72
Limpeza do Teste	77
Nomenclatura do Teste	78
Comportamento, Não Implementação	79
Não Se Repita	81
Bons Diagnósticos	82
Testando Casos de Erro	84
Constantes	85
Conclusões	86
Iterando	86
Completando o Desafio	86

5. Motor de Regras Comerciais 87

O Desafio	87
O Objetivo	87
Requisitos do Motor de Regras Comerciais	88
Desenvolvimento Orientado a Testes	89
Por Que Usar o TDD?	90
Ciclo TDD	90
Mocking	93

Incluindo Condições	94
Modelando o Estado	94
Inferência de Tipos para a Variável Local	98
Expressões Switch	99
Interface Segregation Principle	102
Projetando uma API Fluent	105
O Que é API Fluent?	105
Modelando o Domínio	105
Padrão Builder	107
Conclusões	110
Iterando	110
Completando o Desafio	110

6. Twootr — 111

O Desafio	111
O Objetivo	111
Requisitos do Twootr	112
Visão Geral do Design	112
Baseada em Pull	113
Baseada em Push	114
Dos Eventos ao Design	115
Comunicação	115
GUI	116
Persistência	117
A Arquitetura Hexagonal	117
Por Onde Começar	118
Senhas e Segurança	123
Seguidores e Twoots	124
Modelando Erros	125
Twootando	127
Criando Mocks	128
Verificando com Mocks	129
Bibliotecas Mocking	130
SenderEndPoint	131

Posições	133
Métodos equals e hashcode	135
Contrato Entre equals e hashCode	136
Conclusões	138
Iterando	138
Completando o Desafio	138

7. Estendendo o Twootr 139

O Desafio	139
O Objetivo	139
Recapitulando	140
Persistência e o Padrão Repository	140
Planejando os Repositórios	141
Objetos de Consulta	143
Programação Funcional	147
Expressões Lambda	148
Referências do Método	149
Execute Around	151
Streams	152
Optional	156
Interface do Usuário	159
Dependency Inversion e Dependency Injection	160
Pacotes e Sistemas Build	163
Limitações e Simplificações	164
Conclusões	165
Iterando	165
Completando o Desafio	165

8. Conclusão 167

Estrutura Baseada em Projeto	167
Iterando	167
Prática Deliberada	168
Próximos Passos e Recursos Adicionais	169

Índice 171

Aviso

Estão disponíveis materiais complementares para download em https://github.com/Itera-tr-Learning/Real-World-Software-Development e no site da editora Alta Books (acesse: www.altabooks.com.br e procure pelo nome do livro ou ISBN). Não nos responsabilizamos por futuras mudanças e atualizações.

Sobre os Autores

Dr. Raoul-Gabriel Urma é o CEO fundador da Cambridge Spark, uma empresa líder em data science transformador e treinamento em IA, desenvolvimento de carreira e progressão. Ele é autor de diversos livros de programação, incluindo o best-seller *Modern Java in Action* [*Java Moderno em Ação*, em tradução livre]. Raoul-Gabriel é PhD em Ciências da Computação pela Universidade de Cambridge, bem como mestre em Engenharia de Ciências da Computação pelo Imperial College London e graduado com menção honrosa, tendo recebido diversos prêmios por inovação técnica. Seus interesses de pesquisa abrangem as áreas de linguagens de programação, compiladores, análise de código-fonte, aprendizado de máquina e educação. Foi nomeado como Oracle Java Champion em 2017, e também é um orador internacional experiente, tendo feito palestras sobre Java, Python, Inteligência Artificial e negócios. Raoul assessorou e trabalhou para diversas organizações em projetos de engenharia de software de larga escala, inclusive no Google, Oracle, eBay e Goldman Sachs.

Dr. Richard Warburton é cofundador da Opsian.com e mantenedor da Artio FIX Engine. Trabalhou como desenvolvedor em diferentes áreas, incluindo ferramentas de desenvolvimento, HFT e protocolos de rede. Ele escreveu o livro *Java 8 Lambdas* e ajuda desenvolvedores a aprenderem através dos sites *http://iteratrlearning.com* e *http://www.pluralsight.com/author/richard-warburton*. Richard é um palestrante de conferências experiente, tendo falado em dezenas de eventos e participado de comitês de algumas das maiores conferências na Europa e nos EUA. Ele é PhD em Ciências da Computação pela Universidade de Warwick.

Prefácio

Dominar o desenvolvimento de softwares envolve aprender um conjunto amplo de conceitos. Se você estiver começando como desenvolvedor de softwares júnior, ou mesmo que seja mais experiente, isso pode parecer um obstáculo intransponível. Você deveria estar investindo mais tempo em aprender tópicos consagrados no mundo orientado a objetos, como os princípios SOLID, os padrões de design ou o desenvolvimento orientado a teste? Deveria estar testando coisas que estão se popularizando cada vez mais como programação funcional?

Mesmo após escolher alguns tópicos para aprender, costuma ser difícil identificar como eles se encaixam. Quando você deveria arriscar-se a aplicar ideias de programação funcional em seu projeto? Quando se preocupa em testar? Como sabe em que ponto introduzir ou refinar essas técnicas? Você precisa ler um livro a respeito de cada um desses tópicos e outros artigos de blog ou vídeos que expliquem como juntar tudo? Por onde começar?

Não se preocupe, este livro está aqui para ajudá-lo. Você verá uma abordagem de aprendizado integrada e orientada a projetos. Aprenderá sobre os principais tópicos que precisa saber a fim de se tornar um desenvolvedor produtivo. Não apenas isso, mas mostramos como essas coisas encaixam-se em projetos maiores.

Por Que Escrevemos Este Livro

Ao longo dos anos acumulamos uma experiência muito rica de ensino de programação a desenvolvedores. Nós dois escrevemos livros sobre Java 8 e posteriores, e realizamos treinamento sobre desenvolvimento profissional de softwares. No processo, fomos reconhecidos como Java Champions e palestrantes de conferências internacionais.

Descobrimos ao longo dos anos que muitos desenvolvedores poderiam beneficiar-se de uma introdução ou uma reciclagem acerca de diversos tópicos centrais. Padrões de design, programação funcional, princípios SOLID e testes são práticas que costumam ter boa abrangência em si, mas raramente demonstram como funcionam e se combinam. As pessoas às vezes sentem-se desencorajadas a melhorar suas habilidades simplesmente pela incapacidade de escolher o que aprender. Queremos não somente ensinar às pessoas habilidades essenciais, mas fazê-lo de modo que seja também fácil de abordar e divertido.

Uma Abordagem para Desenvolvedores

Este livro também lhe dá a oportunidade de aprender de forma orientada ao desenvolvedor. Ele contém muitas amostras de código e, sempre que apresentamos um tópico, damos exemplos de códigos concretos. Você recebe todos os códigos dos projetos contidos no livro, então, se quiser acompanhar, poderá acessar o código do livro em um Ambiente de Desenvolvimento Integrado (*Integrated Development Environment* — IDE) ou executar os programas a fim de testá-los.

Outra hesitação comum quando se trata de livros técnicos é que costumam ser escritos em estilo formal. Não é assim que pessoas normais falam umas com as outras! Este livro tem um estilo coloquial que o ajudará a interagir com o conteúdo, em vez de se colocar em uma posição superior.

O Que Está no Livro?

Cada capítulo está estruturado em torno de um projeto de software. Ao final do capítulo, se estiver acompanhando, você deve ser capaz de escrever aquele projeto. Os projetos começam como simples programas em lote da linha de comando, mas crescem em complexidade até aplicações completas.

Você desfrutará de uma estrutura orientada a projetos de muitas formas. Primeiro, verá como diferentes técnicas de programação funcionam juntas em uma configuração integrada. Quando virmos a programação funcional no final do livro, já não se tratará simplesmente de operações abstratas de coleta e processamento; elas são apresentadas para calcular os verdadeiros resultados utilizados pelo projeto em questão. Isso resolve o problema do material educacional demonstrando boas ideias ou abordagens, mas os desenvolvedores costumam usá-lo de forma inadequada ou fora de contexto.

Segundo, uma abordagem orientada a projetos ajuda a garantir que você veja exemplos reais em cada estágio. Materiais educativos costumam ser repletos de categorias de exemplos chamadas `Foo` e métodos chamados `bar`. Nossos exemplos são relevantes aos projetos em questão e mostram como aplicar as ideias a problemas reais, semelhantes àqueles que você pode encontrar em sua carreira.

Por fim, é mais divertido e interessante aprender dessa forma. Cada capítulo é um projeto novo e uma nova oportunidade de aprender coisas diferentes. Queremos que você leia até o fim e realmente goste de virar as páginas conforme lê. Os capítulos começam com um desafio que será resolvido, explicam a solução e terminam com a avaliação do que você aprendeu e como o desafio foi resolvido. Destacamos especificamente o desafio no início e no fim de cada capítulo para garantir que os objetivos estejam claros para você.

Quem Deveria Ler Este Livro?

Estamos convictos de que desenvolvedores das mais diversas áreas encontrarão coisas úteis e interessantes neste livro. Dito isso, há algumas pessoas que obterão o máximo valor deste livro.

Desenvolvedores de software júnior, geralmente recém-saídos da universidade ou com alguns anos de carreira na programação, são aqueles que acreditamos ser o principal público deste livro. Você aprenderá tópicos fundamentais que esperamos ser relevantes ao longo de sua carreira em desenvolvimento de software. Você não precisa ter qualquer tipo de formação universitária, mas precisa saber o básico de programação a fim de fazer o melhor uso deste livro. Não explicamos o que é uma declaração if ou um loop por exemplo.

Não é preciso saber muito a respeito de programação funcional ou orientada a objetos para começar. No Capítulo 2, supomos apenas que você saiba o que é uma classe e saiba usar coleções com generics (por ex., List<String>). Retiramos isso do básico.

Outro grupo que terá interesse especial por este livro serão os desenvolvedores que estão aprendendo Java advindos de outra linguagem de programação, como C#, C++ ou Python. Este livro o ajuda a inteirar-se rapidamente acerca das construções da linguagem e também dos princípios, práticas e expressões que são importantes para escrever um bom código Java.

Se você for um desenvolvedor Java mais experiente, pode preferir pular o Capítulo 2 para evitar rever um material básico que já conhece, mas do Capítulo 3 em diante o livro está repleto de conceitos e abordagens que serão do interesse de muitos desenvolvedores.

Acreditamos que o aprendizado pode ser uma das partes mais divertidas do desenvolvimento de software e esperamos que você também ache isso ao ler este livro. Esperamos que se divirta nesta jornada.

Convenções Usadas Neste Livro

As convenções tipográficas a seguir são usadas neste livro:

Itálico

> Indica novos termos, URLs, endereços de e-mail, nomes e extensões de arquivo.

`Largura constante`

> Usado para listagens de programas, bem como dentro de parágrafos para indicar elementos do programa, como variáveis ou nomes de funções, bases de dados, tipos de dados, variáveis de ambiente, declarações e palavras-chave.

`Largura constante em negrito`

> Mostra comandos ou outros textos que devem ser digitados literalmente pelo usuário.

`Largura constante em itálico`

> Mostra textos que devem ser substituídos por valores fornecidos pelo usuário ou valores determinados pelo contexto.

> Este elemento significa uma nota geral.

Utilizando Exemplos de Código

Estão disponíveis materiais complementares (exemplos de códigos, exercícios etc.) para download em *https://github.com/Iteratr-Learning/Real-World-Software-Development* [conteúdo em inglês].

Este livro está aqui para ajudá-lo a realizar seu trabalho. Em geral, se códigos de exemplo forem oferecidos neste livro, você pode usá-los em seus programas e documentações. Não precisa entrar em contato para pedir permissão, a menos que esteja reproduzindo uma parte significativa do código. Por exemplo, escrever um programa que utiliza diversos blocos de código deste livro não exige nossa permissão. Vender ou distribuir exemplares de livros da Alta Books exige permissão. Responder a uma pergunta mencionando este livro e citando códigos de exemplo não exige permissão. Incorporar uma quantidade significativa de códigos de exemplo deste livro na documentação do seu produto exige permissão.

Agradecemos referências, mas geralmente não exigimos. Uma referência costuma incluir título, autor, editor e ISBN. Por exemplo: "*Real-World Software Development* de Raoul-Gabriel Urma e Richard Warburton (O'Reilly). Copyright 2020 Functor Ltd. and Monotonic Ltd., 978-1-491-96717-1."

Se você acha que usar exemplos de código extrapola o uso justo das permissões dadas acima, sinta-se à vontade para nos contatar pelo e-mail *permissions@oreilly.com*.

CAPÍTULO 1
Começando a Jornada

Neste capítulo, apresentaremos os conceitos e os princípios deste livro. Uma boa forma de resumir a abordagem geral é *Práticas e Princípios na Tecnologia*. Já existem muitos livros sobre tecnologias específicas, e nossa intenção não é fazer parte dessa enorme pilha. Isso não quer dizer que o conhecimento detalhado e específico de determinada linguagem, estrutura ou biblioteca não é útil. Mas sim que possui uma vida útil menor que as práticas e os princípios gerais que se aplicam a períodos mais longos e em diferentes linguagens e estruturas. É nesse ponto que este livro pode ajudá-lo.

Temas

Ao longo do livro utilizamos uma estrutura baseada em projetos para ajudar no aprendizado. Vale a pena pensar sobre os diferentes temas que permeiam os capítulos, como se interligam e por que os escolhemos. A seguir estão os quatro temas diferentes que se entrelaçam pelos capítulos.

Recursos Java

A estruturação de códigos com classes e interfaces é discutida no Capítulo 2. Prosseguimos para exceções e pacotes no Capítulo 3. Você também terá uma visão geral das expressões lambda no Capítulo 3. Depois, inferências do tipo de variável local e expressões switch são explicadas no Capítulo 5 e, por fim, expressões lambda e referências de método são abordadas detalhadamente no Capítulo 7. Os recursos da linguagem Java são importantes porque muitos projetos de software são escritos em Java, então é uma linguagem útil para conhecer seus funcionamentos. Muitos desses recursos da linguagem também são úteis em outras linguagens de programação, como C#, C++, Ruby ou Python. Mesmo que tais linguagens tenham diferenças, entender como utilizar uma classe e conceitos POO básicos será valioso nas diferentes linguagens.

Design e Arquitetura de Software

Ao longo do livro, introduzimos uma série de padrões de design que ajudam a fornecer soluções comuns para problemas que os desenvolvedores encontram. É importante conhecê-los porque, apesar de parecer que todo projeto de software é diferente e vem com seus próprios problemas, na prática muitos deles já foram vistos antes. Entender os problemas e as soluções comuns que foram elaboradas pelos desenvolvedores evita que você reinvente a roda em um novo projeto de software e permite entregar o software mais rápido e com maior confiabilidade.

Os conceitos mais elevados de acoplamento e coesão são apresentados logo no início do livro, no Capítulo 2. O padrão de notificação é apresentado no Capítulo 3. Como projetar uma API Fluent amigável ao usuário e o padrão Builder são apresentados no Capítulo 5. Observamos os conceitos amplos de arquiteturas hexagonais e orientadas a eventos no Capítulo 6 e o padrão Repository no Capítulo 7. Por fim, você também será apresentado à programação funcional no Capítulo 7.

SOLID

Cobrimos todos os princípios SOLID em vários capítulos. São um conjunto de princípios projetados para ajudar a facilitar a manutenção do software. Embora gostemos de pensar que escrever softwares é divertido, se o software escrito for bem-sucedido, ele precisará evoluir, crescer e ser mantido. Tentar deixar o software o mais fácil possível de ser mantido ajuda nessa evolução, na manutenção e em adições de recursos no longo prazo. Os princípios SOLID e os capítulos onde os abordamos são:

- Single Responsibility Principle (SRP) [Princípio de Responsabilidade Única], abordado no Capítulo 2;
- Open/Closed Principle (OCP) [Princípio Aberto/Fechado], abordado no Capítulo 3;
- Liskov Substitution Principle (LSP) [Princípio da Substituição de Liskov], abordado no Capítulo 4;
- Interface Segregation Principle (ISP) [Princípio da Segregação de Interface], abordado no Capítulo 5;
- Dependency Inversion Principle (DIP) [Princípio da Inversão de Dependência], abordado no Capítulo 7.

Teste

Escrever códigos confiáveis que possam evoluir facilmente com o tempo é muito importante e os testes automatizados são cruciais para isso. Conforme o software que você está escrevendo aumenta de tamanho, fica cada vez mais difícil testar manualmente diferentes casos possíveis. Você precisa automatizar seus processos de testagem para evitar os dias de esforço humano que seriam necessários para testar seu software sem ele.

Você aprende o básico da escrita de testes nos Capítulos 2 e 4. Isso se estende ao desenvolvimento orientado a testes, ou TDD, no Capítulo 5. No Capítulo 6 abordamos o uso de dublês de teste, inclusive mocks e stubs.

Síntese dos Capítulos

Aqui temos um resumo dos capítulos:

Capítulo 2, Análise de Extratos Bancários

Você escreverá um programa para analisar extratos bancários a fim de ajudar as pessoas a entenderem melhor suas finanças. Isso o ajudará a aprender mais sobre as principais técnicas de design orientado a objetos como o *Single Responsibility Principle* (SRP), acoplamento e coesão.

Capítulo 3, Estendendo o Analista de Extratos Bancários

Neste capítulo você aprende como estender o código do Capítulo 2, adicionar mais recursos, utilizar o padrão de Design estratégico, o Princípio Aberto/Fechado e como modelar falhas utilizando exceções.

Capítulo 4, Sistema de Gerenciamento de Documentos

Neste capítulo, ajudamos um médico bem-sucedido a gerenciar melhor as fichas de seus pacientes. Isso apresenta conceitos como herança dentro do design de softwares, o Princípio de Substituição de Liskov, e trocas entre composição e herança. Você também aprenderá a escrever softwares mais confiáveis com código de teste automatizado.

Capítulo 5, Motor de Regras Comerciais

Você aprenderá como construir um motor de regras comerciais básico, ou seja, uma forma de definir uma lógica comercial que seja flexível e fácil de manter. Esse capítulo apresenta os tópicos de desenvolvimento orientado a testes, desenvolvimento de uma API Fluent e o Princípio da Segregação de Interface.

Capítulo 6, Twootr

> *Twootr* é uma plataforma de envio de mensagens que permite que as pessoas transmitam mensagens curtas para outros usuários que as sigam. Esse capítulo desenvolve o princípio central de um sistema Twootr simples. Você aprenderá como pensar de fora para dentro, desde as exigências até o centro de sua aplicação. Também aprenderá a usar dublês de teste para isolar e testar as interações de diferentes componentes em sua base de código.

Capítulo 7, Estendendo o Twootr

> O último capítulo baseado em projetos no livro estende a implementação do Twootr do capítulo anterior. Ele explica o Princípio da Inversão de Dependência e apresenta opções de arquitetura mais amplas, como arquiteturas hexagonais e orientadas a eventos. Esse capítulo pode ajudá-lo a estender seu conhecimento sobre testagem automatizada ao cobrir dublês de teste, como stubs e mocks, e também técnicas de programação funcional.

Capítulo 8, Conclusão

> Esse capítulo final de conclusão revisita os principais temas e conceitos do livro, e oferece recursos adicionais na continuação de sua carreira em programação.

Iterando

Como desenvolvedor de softwares, você pode abordar projetos de forma iterativa, ou seja, separe uma ou duas semanas de maior prioridade de itens de trabalho, implemente-os, e depois utilize o feedback para decidir o próximo conjunto de itens. Descobrimos que costuma valer a pena avaliar o progresso de suas próprias habilidades da mesma forma.

Ao final de cada capítulo existe uma breve seção "Iterando" com algumas sugestões sobre como melhorar com base no aprendizado do capítulo seguindo seu próprio ritmo.

Agora que você sabe o que pode esperar deste livro, mãos à obra!

CAPÍTULO 2
Análise de Extratos Bancários

O Desafio

O setor de FinTech está em alta hoje. Mark Erbergzuck percebeu que gasta muito dinheiro em diferentes compras e seria muito útil resumir automaticamente suas despesas. Ele recebe extratos mensais de seu banco, mas os acha um tanto longos. Mark deu a você a tarefa de desenvolver um software que automatize o processamento de seus extratos bancários para que ele possa ter uma visão melhor de suas finanças. Desafio aceito!

O Objetivo

Neste capítulo você aprenderá os fundamentos do bom desenvolvimento de software antes de aprender técnicas mais avançadas nos próximos capítulos.

Você começará implementando a declaração do problema em uma classe única. Então, explorará por que essa abordagem apresenta diversos desafios em termos de superação de mudanças nas exigências e na manutenção do projeto.

Mas não se preocupe! Você aprenderá princípios e técnicas de design de software a serem adotados para garantir que o código escrito seja compatível com esses critérios. Primeiro aprenderá sobre o *Single Responsibility Principle* (SRP), que ajuda a desenvolver um software mais fácil de manter e entender, e reduz a margem para o aparecimento de novos bugs. Ao longo do caminho, você absorverá novos conceitos como *coesão* e *acoplamento*, que são características úteis para guiá-lo acerca da qualidade do código e do software que está desenvolvendo.

Este capítulo utiliza bibliotecas e recursos do Java 8 e superior, inclusive a nova biblioteca de data e hora.

Se em algum momento você quiser ver o código-fonte deste capítulo, poderá acessar o pacote com.iteratrlearning.shu_book. chapter_02 no repositório de códigos do livro.

Requisitos do Analista de Extratos Bancários

Você tomou um delicioso latte hipster (sem açúcar) com Mark Erbergzuck para reunir os requisitos. Como Mark tem bastante conhecimento em tecnologia, ele lhe diz que o analista de extratos bancários só precisa ler um arquivo de texto que contém uma lista de transações bancárias, que será baixada do portal de seu banco online. Esse texto é estruturado utilizando o formato CSV. Aqui está uma amostra das transações bancárias:

```
30-01-2017,-100,Deliveroo
30-01-2017,-50,Tesco
01-02-2017,6000,Salary
02-02-2017,2000,Royalties
02-02-2017,-4000,Rent
03-02-2017,3000,Tesco
05-02-2017,-30,Cinema
```

Ele gostaria de ter respostas para as seguintes consultas:

- Qual o total de lucros e perdas em uma lista de extratos bancários? É positivo ou negativo?
- Quantas transações bancárias existem em um mês específico?
- Quais são suas 10 principais despesas?
- Em qual categoria ele mais gasta dinheiro?

Princípio KISS

Vamos começar simples. Que tal a primeira consulta: "Qual o total de lucros e perdas em uma lista de extratos bancários?" Você precisa processar um arquivo CSV e calcular a soma de todas as quantias. Como não há nenhum outro requisito, você pode decidir que não há a necessidade de criar uma aplicação muito complexa.

Você pode usar o princípio KISS, ou "Keep It Short and Simple" [Manter Curto e Simples, em tradução livre], e fazer o código da aplicação em uma única classe, como mostrado no Exemplo 2-1. Note que você ainda não precisa se preocupar com possíveis exceções (por ex., e se o arquivo não existir ou a análise de um arquivo falhar?). É um tópico sobre o qual aprenderá no Capítulo 3.

O CSV não é totalmente padronizado. Costuma ser referido como valores separados por vírgulas. Mas algumas pessoas o utilizam como um formato que usa diferentes delimitadores, como ponto e vírgula ou tabulação. Esses requisitos podem aumentar a complexidade da implementação de um parser. Neste capítulo, vamos assumir que os valores são separados por vírgula (,).

Exemplo 2-1. Calculando a soma de todos os extratos

```java
public class BankTransactionAnalyzerSimple {
    private static final String RESOURCES = "src/main/resources/";

    public static void main(final String... args) throws IOException {

        final Path path = Paths.get(RESOURCES + args[0]);
        final List<String> lines = Files.readAllLines(path);
        double total = 0d;
        for(final String line: lines) {
            final String[] columns = line.split(",");
            final double amount = Double.parseDouble(columns[1]);
            total += amount;
        }

        System.out.println("The total for all transactions is " + total);
    }
}
```

O que está acontecendo aqui? Você está carregando o arquivo CSV passado como argumento da linha de comando para a aplicação. A classe `Path` representa um caminho no sistema de arquivos. Então, você usa `Files.readAllLines()` para retornar uma lista de linhas. Assim que tiver todas as linhas do arquivo, poderá analisá-las uma por vez ao:

- Separar as colunas com vírgulas;
- Extrair o montante;
- Analisar o montante com `double`.

Quando tiver o montante de determinado extrato como `double`, poderá somá-lo ao total atual. Ao final do processamento, terá o montante total.

O código do Exemplo 2-1 funcionará bem, mas ele negligencia alguns corner cases cuja consideração é sempre pertinente ao escrever códigos prontos para produção:

- E se o arquivo estiver vazio?
- E se a análise do montante falhar porque os dados estavam corrompidos?
- E se uma linha do extrato não tiver dados?

Retornaremos ao tópico de lidar com exceções no Capítulo 3, mas é bom manter o hábito de ter em mente essas questões.

Que tal resolver a segunda consulta: "Quantas transações bancárias existem em um mês específico?" O que você pode fazer? Copiar e colar é uma técnica simples, certo? Você poderia simplesmente copiar e colar o mesmo código, e substituir a lógica de modo a selecionar determinado mês, como mostrado no Exemplo 2-2.

Exemplo 2-2. Calculando a soma dos extratos de janeiro

```java
final Path path = Paths.get(RESOURCES + args[0]);
final List<String> lines = Files.readAllLines(path);
double total = 0d;
final DateTimeFormatter DATE_PATTERN = DateTimeFormatter.ofPattern("dd-MM-yyyy");
for(final String line: lines) {
    final String[] columns = line.split(",");
    final LocalDate date = LocalDate.parse(columns[0], DATE_PATTERN);
    if(date.getMonth() == Month.JANUARY) {
        final double amount = Double.parseDouble(columns[1]);
        total += amount;
    }
}

System.out.println("The total for all transactions in January is " + total);
```

Variáveis final

Fazendo um breve desvio, explicaremos o uso da palavra-chave `final` nos exemplos de código. Ao longo deste livro utilizamos amplamente a palavra-chave `final`. Marcar uma variável local ou campo como `final` significa que ele não pode ser reatribuído. A decisão de usar ou não `final` em seu projeto é tomada por sua equipe e projeto, já que seu uso tem vantagens e desvantagens. Acreditamos que marcar o máximo de variáveis possível como `final` demarca claramente quais estados podem mudar durante a vida de um objeto e quais estados não são reatribuídos.

Por outro lado, o uso da palavra-chave `final` não garante a imutabilidade do objeto em questão. Você pode ter um campo `final` que se refere a um objeto com estado mutável. Discutiremos sobre a imutabilidade com mais detalhes no Capítulo 4. Além do mais, seu uso também adiciona muito boilerplate à base do código. Algumas equipes assumem o compromisso de ter campos `final` nos parâmetros de método a fim de garantir que não sejam reatribuídos claramente e não sejam variáveis locais.

Uma área onde faz pouco sentido usar a palavra-chave `final`, apesar de a linguagem Java permitir, é em parâmetros de métodos abstratos; por exemplo, nas interfaces. A falta de corpo significa que não há implicação real ou significado para a palavra-chave `final` nessa situação. Provavelmente o uso de `final` diminuiu desde a introdução da palavra-chave `var` no Java 10, e explicaremos esse conceito posteriormente no Exemplo 5-15.

Manteneabilidade do Código e Antipadrões

Você acha que a abordagem de copiar e colar demonstrada no Exemplo 2-2 é uma boa ideia? É hora de dar um passo atrás e refletir sobre o que está acontecendo. Quando você escreve códigos, deve procurar oferecer uma boa *manteneabilidade do código*. O que isso significa? A melhor descrição é com uma lista de desejos das propriedades acerca do código escrito:

- Deve ser simples localizar o código responsável por determinado recurso;
- Deve ser simples entender o que o código faz;
- Deve ser simples incluir ou remover novos recursos;
- Deve oferecer um bom *encapsulamento*, ou seja, o usuário de seu código não deve ver os detalhes da implementação para ser mais fácil entender e fazer alterações.

Uma boa forma de pensar sobre o impacto do código que você escreve é imaginar o que acontecerá se um de seus colegas de trabalho tiver que examinar seu código em seis meses e você foi para outra empresa.

Por fim, seu objetivo é gerenciar a complexidade da aplicação que está construindo. Entretanto, se continuar copiando e colando o mesmo código ao chegarem novos requisitos, você acabará com os problemas a seguir, que são chamados de *antipadrões* porque são soluções ineficientes comuns:

- Código difícil de entender porque você tem uma *"Classe Deus"* enorme;
- Código frágil e facilmente corrompível por mudanças devido à *duplicação de código.*

Esses dois antipadrões serão explicados detalhadamente.

Classe Deus

Ao colocar todo o código em um arquivo, você acaba tendo uma classe gigante que dificulta entender seu propósito porque ela é responsável por tudo! Se precisar atualizar a lógica do código existente (por ex., alterar o funcionamento da análise), como você localizará e alterará facilmente esse código? Tal problema é chamado de antipadrão "Classe Deus". Você basicamente tem uma classe que faz tudo. É preciso evitar isso. Na próxima seção, aprenderá sobre *Single Responsibility Principle*, que é uma diretriz de desenvolvimento de software para ajudar a escrever códigos mais fáceis de entender e manter.

Duplicação de Código

Para cada consulta, você está duplicando a lógica para ler e analisar a entrada. E se a entrada necessária não for mais um arquivo CSV, mas um JSON? E se for necessário suportar múltiplos formatos? Incluir tal requisito será uma mudança difícil porque seu código assumiu uma solução específica e duplicou aquele comportamento em diversos lugares. Portanto, todos os lugares terão que mudar e você provavelmente incluirá novos bugs.

Manteneabilidade do Código e Antipadrões | 9

Você geralmente ouvirá a respeito do princípio DRY ou "Don't Repeat Yourself" [Não se Repita, em tradução livre]. É a ideia de que, quando você reduz a repetição, uma modificação na lógica não exige mais múltiplas modificações em seu código.

Um problema relacionado é "e se o formato de dados mudar?". O código suporta apenas um padrão de formato de dados específico. Se for necessário melhorá-lo (por ex., novas colunas) ou for necessário suportar um formato de dados diferente (como nomes de atributos diferentes), você precisará fazer novamente muitas mudanças em seu código.

A conclusão é que é melhor manter a simplicidade quando possível, mas não abuse do princípio KISS. Em vez disso, você precisa pensar no design de toda a aplicação e entender como dividir o problema em subproblemas separados que são mais fáceis de gerenciar individualmente. O resultado é ter um código mais fácil de entender, manter e adaptar a novos requisitos.

Princípio de Responsabilidade Única

O *Single Responsibility Principle* (SRP) é uma diretriz geral de desenvolvimento de software a ser seguida para escrever códigos que sejam mais fáceis de gerenciar e manter.

Você deve pensar no SRP de duas formas complementares:

- Uma classe tem responsabilidade sobre uma única funcionalidade;
- Só existe uma razão para uma classe mudar.[1]

O SRP costuma ser aplicado a classes e métodos, e se relaciona a um comportamento, conceito ou categoria específico. Ele conduz a códigos mais robustos porque existe um motivo específico pelo qual deveria mudar, em vez de múltiplas considerações. O motivo pelo qual múltiplas considerações são problemáticas é, como vimos antes, complicar a manteneabilidade do código incluindo potencialmente bugs em diversos lugares. Também pode dificultar o entendimento e a alteração do código.

Como aplicar o SRP no código mostrado no Exemplo 2-2? Está claro que a classe principal tem múltiplas responsabilidades que podem ser discriminadas individualmente:

1. Ler a entrada;
2. Analisar a entrada em determinado formato;
3. Processar o resultado;
4. Relatar um resumo do resultado.

---

[1] Essa definição é atribuída a Robert Martin.

Focaremos a parte de análise neste capítulo, e no próximo você aprenderá a estender o Analista de Extratos Bancários para que seja totalmente modularizado.

O primeiro passo natural é extrair a lógica de análise CSV para uma classe separada a fim de reutilizá-la para diferentes consultas de processamento. Vamos chamá-la de BankStatementCSVParser para ficar bem claro o que ela faz (Exemplo 2-3).

Exemplo 2-3. Extraindo a lógica de análise para uma classe separada

```java
public class BankStatementCSVParser {

    private static final DateTimeFormatter DATE_PATTERN
        = DateTimeFormatter.ofPattern("dd-MM-yyyy");

    private BankTransaction parseFromCSV(final String line) {
        final String[] columns = line.split(",");

        final LocalDate date = LocalDate.parse(columns[0], DATE_PATTERN);
        final double amount = Double.parseDouble(columns[1]);
        final String description = columns[2];

        return new BankTransaction(date, amount, description);
    }

    public List<BankTransaction> parseLinesFromCSV(final List<String> lines) {
        final List<BankTransaction> bankTransactions = new ArrayList<>();
        for(final String line: lines) {
            bankTransactions.add(parseFromCSV(line));
        }
        return bankTransactions;
    }
}
```

Podemos ver que a classe BankStatementCSVParser declara dois métodos, parseFromCSV() e parseLinesFromCSV(), que geram objetos BankTransaction, que são uma classe de domínio que representa um extrato bancário (veja sua declaração no Exemplo 2-4).

O que significa *domínio*? É o uso de palavras e terminologias que correspondem ao problema comercial (ou o domínio em questão).

A classe BankTransaction é útil para que diferentes partes de nossa aplicação compartilhem o mesmo entendimento comum do que é um extrato bancário. Você perceberá que a classe fornece a implementação para os métodos equals e hashcode. O propósito desses métodos e a implementação correta deles estão descritos no Capítulo 6.

Exemplo 2-4. Uma classe de domínio para uma transação bancária

```java
public class BankTransaction {
    private final LocalDate date;
    private final double amount;
    private final String description;


    public BankTransaction(final LocalDate date, final double amount, final String
description) {
        this.date = date;
        this.amount = amount;
        this.description = description;
    }

    public LocalDate getDate() {
        return date;
    }

    public double getAmount() {
        return amount;
    }

    public String getDescription() {
        return description;
    }

    @Override
    public String toString() {
        return "BankTransaction{" +
                "date=" + date +
                ", amount=" + amount +
                ", description='" + description + '\'' +
                '}';
    }

    @Override
    public boolean equals(Object o) {
        if (this == o) return true;
        if (o == null || getClass() != o.getClass()) return false;
        BankTransaction that = (BankTransaction) o;
        return Double.compare(that.amount, amount) == 0 &&
                date.equals(that.date) &&
                description.equals(that.description);
    }

    @Override
    public int hashCode() {
        return Objects.hash(date, amount, description);
    }
}
```

Agora, você pode refatorar a aplicação de modo que utilize `BankStatementCSVParser`, especialmente seu método `parseLinesFromCSV()`, como mostrado no Exemplo 2-5.

12 | **CAPÍTULO 2: Análise de Extratos Bancários**

Exemplo 2-5. Usando o parser de CSV do extrato bancário

```java
final BankStatementCSVParser bankStatementParser = new BankTransactionCSVParser();

final String fileName = args[0];
final Path path = Paths.get(RESOURCES + fileName);
final List<String> lines = Files.readAllLines(path);

final List<BankTransaction> bankTransactions
    = bankStatementParser.parseLinesFromCSV(lines);

System.out.println("The total for all transactions is " + calculateTotalAmount(bank
Transactions));
System.out.println("Transactions in January " + selectInMonth(BankTransactions,
Month.JANUARY));
```

As diferentes consultas que você precisa implementar já não precisam saber a respeito dos detalhes internos da análise, pois agora você pode usar os objetos BankTransaction diretamente para extrair as informações necessárias. O código no Exemplo 2-6 mostra como declarar os métodos calculateTotalAmount() e selectInMonth(), que são responsáveis por processar a lista de transações e retornar um resultado adequado. No Capítulo 3 há uma visão geral das expressões lambda e da API Streams, que ajudarão a organizar mais o código.

Exemplo 2-6. Processando listas de transações bancárias

```java
public static double calculateTotalAmount(final List<BankTransaction>
bankTransactions) {
    double total = 0d;
    for(final BankTransaction bankTransaction: bankTransactions) {
        total += bankTransaction.getAmount();
    }
    return total;
}

public static List<BankTransaction> selectInMonth(final List<BankTransaction> bank
Transactions, final Month month) {

    final List<BankTransaction> bankTransactionsInMonth = new ArrayList<>();
    for(final BankTransaction bankTransaction: bankTransactions) {
        if(bankTransaction.getDate().getMonth() == month) {
            bankTransactionsInMonth.add(bankTransaction);
        }
    }
    return bankTransactionsInMonth;
}
```

O principal benefício dessa refatoração é que sua aplicação principal já não é responsável pela implementação da lógica de análise. Ela está agora delegando essa responsabilidade a uma classe e métodos separados que podem ser mantidos e atualizados independentemente. Como existem novos requisitos advindos de consultas diferentes, você pode reutilizar a funcionalidade encapsulada pela classe BankStatementCSVParser.

Além disso, se precisar alterar o funcionamento do algoritmo de análise (por ex., uma implementação mais eficiente que armazena em cache os resultados), agora terá que alterar apenas um local. Inclusive, você introduziu uma classe chamada `BankTransaction` à qual outras partes do seu código podem recorrer sem depender de um padrão específico de formato de dados.

É bom habituar-se a seguir o *princípio de menor surpresa* ao implementar métodos. Ele ajudará a garantir que o que está acontecendo fique óbvio ao examinar o código. Isso significa:

- Utilizar nomes de métodos autodocumentados de modo que fique imediatamente óbvio o que fazem (como `calculateTotalAmount()`);
- Não mudar o estado dos parâmetros, já que outras partes do código podem depender dele.

Porém, o princípio de menor surpresa pode ser um conceito subjetivo. No caso de dúvida, converse com seus colegas e membros da equipe para assegurar que todos estejam alinhados.

Coesão

Até aqui você aprendeu sobre 3 princípios: *KISS*, *DRY* e *SRP*. Mas não aprendeu sobre as características para pensar na qualidade do seu código. Em engenharia de software, geralmente ouvirá falar da *coesão* como uma característica importante das diferentes partes do código que você escreve. Parece um capricho, mas é na verdade um conceito bastante útil para lhe dar uma indicação sobre a manteneabilidade do seu código.

Coesão tem a ver com a *relação* entre as coisas. Para ser mais preciso, a coesão mensura o quanto as responsabilidades de uma classe ou métodos estão intimamente relacionadas. Em outras palavras, o quanto as coisas estão interligadas? É uma forma de ajudá-lo a pensar a respeito da complexidade de seu software. Sua meta é atingir *alta coesão*, o que significa que o código é mais fácil de ser localizado, entendido e utilizado por outras pessoas. No código que foi refatorado antes, a classe `BankTransactionCSVParser` é altamente coesa. Na verdade, ela agrupa dois métodos que se relacionam à análise de dados CSV.

Geralmente, o conceito de coesão se aplica a classes (coesão no nível da classe), mas também pode ser aplicado a métodos (coesão no nível do método).

Tendo o ponto de entrada do seu programa como exemplo, a classe `BankStatement Analyzer`, você perceberá que sua responsabilidade é interconectar as diferentes partes de sua aplicação, como o parser e os cálculos, e reportá-las na tela. Entretanto, a lógica responsável por fazer os cálculos é atualmente declarada como métodos estáticos em `BankStatementAnalyzer`. Esse é um exemplo de coesão ruim porque os problemas de cálculos declarados nessa classe não são diretamente relacionados à análise ou ao relatório.

---

14 | **CAPÍTULO 2: Análise de Extratos Bancários**

Em vez disso, você pode extrair as operações de cálculo para uma classe separada chamada BankStatementProcessor. Pode ver também que o argumento de método da lista de transações é compartilhado para todas essas operações, então você pode incluí-lo como um campo para a classe. Dessa forma, as assinaturas de seu método ficam mais fáceis de raciocinar e a classe BankStatementProcessor é mais coesa. O código no Exemplo 2-7 mostra o resultado final. A vantagem adicional é que os métodos de BankStatementProcessor podem ser reutilizados por outras partes de sua aplicação sem depender de todo o BankStatementAnalyzer.

Exemplo 2-7. Agrupando as operações de cálculo na classe BankStatementProcessor

```java
public class BankStatementProcessor {

    private final List<BankTransaction> bankTransactions;

    public BankStatementProcessor(final List<BankTransaction> bankTransactions) {
        this.bankTransactions = bankTransactions;
    }

    public double calculateTotalAmount() {
        double total = 0;
        for(final BankTransaction bankTransaction: bankTransactions) {
            total += bankTransaction.getAmount();
        }
        return total;
    }

    public double calculateTotalInMonth(final Month month) {
        double total = 0;
        for(final BankTransaction bankTransaction: bankTransactions) {
            if(bankTransaction.getDate().getMonth() == month) {
                total += bankTransaction.getAmount();
            }
        }
        return total;
    }

    public double calculateTotalForCategory(final String category) {
        double total = 0;
        for(final BankTransaction bankTransaction: bankTransactions) {
            if(bankTransaction.getDescription().equals(category)) {
                total += bankTransaction.getAmount();
            }
        }
        return total;
    }
}
```

Agora, você pode usar os métodos dessa classe com BankStatementAnalyzer, como mostrado no Exemplo 2-8.

Coesão | 15

Exemplo 2-8. Processando listas de transações bancárias com a classe BankStatementProcessor

```java
public class BankStatementAnalyzer {
    private static final String RESOURCES = "src/main/resources/";
    private static final BankStatementCSVParser bankStatementParser = new BankState
mentCSVParser();

    public static void main(final String... args) throws IOException {

        final String fileName = args[0];
        final Path path = Paths.get(RESOURCES + fileName);
        final List<String> lines = Files.readAllLines(path);

        final List<BankTransaction> bankTransactions = bankStatementParser.parseLi
nesFrom(lines);
        final BankStatementProcessor bankStatementProcessor = new BankStatementPro
cessor(bankTransactions);

        collectSummary(bankStatementProcessor);
    }

    private static void collectSummary(final BankStatementProcessor bankStatementPro
cessor) {
        System.out.println("The total for all transactions is "
                + bankStatementProcessor.calculateTotalAmount());

        System.out.println("The total for transactions in January is "
                + bankStatementProcessor.calculateTotalInMonth(Month.JANUARY));

        System.out.println("The total for transactions in February is "
                + bankStatementProcessor.calculateTotalInMonth(Month.FEBRUARY));

        System.out.println("The total salary received is "
                + bankStatementProcessor.calculateTotalForCategory("Salary"));
    }
}
```

Nas próximas subseções, você se concentrará em aprender diretrizes para ajudá-lo a escrever um código que seja mais fácil de pensar e manter.

Coesão no Nível da Classe

Na prática, você encontrará ao menos seis formas comuns de agrupar os métodos:

- Funcional;
- Informacional;
- Utilitária;
- Lógica;
- Sequencial;
- Temporal.

Tenha em mente que, se os métodos que estiver agrupando forem pouco relacionados, você terá baixa coesão. Vamos explicá-los em ordem, e a Tabela 2-1 traz um resumo.

Funcional

A abordagem adotada ao escrever `BankStatementCSVParser` era de agrupar os métodos segundo a funcionalidade. Os métodos `parseFrom()` e `parseLinesFrom()` estão realizando uma tarefa definida: analisar sintaticamente as linhas no formato CSV. Na verdade, o método `parseLinesFrom()` usa o método `parseFrom()`. Costuma ser um bom jeito de atingir alta coesão, pois os métodos trabalham juntos, então faz sentido agrupá-los de modo a serem mais fáceis de localizar e entender. O perigo da coesão funcional é que pode ser tentador ter uma abundância de classes muito simplistas agrupando apenas um método. Optar por classes excessivamente simplistas adiciona verbosidade e complexidade desnecessárias porque há muitas classes a mais para pensar a respeito.

Informacional

Outro motivo para agrupar métodos é o fato deles trabalharem nos mesmos dados ou objeto de domínio. Digamos que você precisasse de uma forma de criar, atualizar e deletar objetos `BankTransaction` (operações CRUD); talvez queira ter uma classe dedicada a essas operações. O código no Exemplo 2-9 mostra uma classe que exibe coesão informacional com 4 métodos diferentes. Cada método gera uma `UnsupportedOperationException` para indicar que o corpo ainda não está implementado para o exemplo.

Exemplo 2-9. Um exemplo de coesão informacional

```java
public class BankTransactionDAO {

    public BankTransaction create(final LocalDate date, final double amount, final
String description) {
        // ...
        throw new UnsupportedOperationException();
    }

    public BankTransaction read(final long id) {
        // ...
        throw new UnsupportedOperationException();
    }

    public BankTransaction update(final long id) {
        // ...
        throw new UnsupportedOperationException();
    }

    public void delete(final BankTransaction BankTransaction) {
        // ...
        throw new UnsupportedOperationException();
    }
}
```

Coesão | 17

É um padrão típico geralmente visto ao interagir com uma base de dados que mantém uma tabela para um objeto de domínio específico. Esse padrão costuma ser chamado de *Data Access Object* (DAO) e exige certo tipo de ID para identificar os objetos. DAOs basicamente abstraem e encapsulam o acesso a uma fonte de dados, como uma base de dados persistente ou uma base de dados na memória.

A desvantagem dessa abordagem é que essa coesão pode agrupar múltiplas preocupações, o que introduz dependências adicionais para uma classe que usa e exige apenas algumas operações.

Utilitária

Você pode ficar tentado a agrupar diferentes métodos não relacionados dentro de uma classe. Isso acontece quando o local ao qual os métodos pertencem não é óbvio, então você acaba com uma classe utilitária um tanto multifuncional.

Isso em geral deve ser evitado porque você acaba obtendo baixa coesão. Os métodos não são relacionados, então a classe inteira é mais difícil de racionalizar. Além disso, as classes utilitárias têm uma característica de péssima detectabilidade. É preferível que seu código seja fácil de encontrar e entender como deve ser usado. Essas classes vão contra este princípio porque contêm métodos diferentes não relacionados e sem uma categorização clara.

Lógica

Digamos que você precisasse oferecer implementação para análises sintáticas de CSV, JSON e XML. Você pode ficar tentado a agrupar os métodos responsáveis por analisar sintaticamente os diferentes formatos dentro de uma classe, como mostrado no Exemplo 2-10.

Exemplo 2-10. Um exemplo de coesão lógica

```java
public class BankTransactionParser {

    public BankTransaction parseFromCSV(final String line) {
        // ...
        throw new UnsupportedOperationException();
    }

    public BankTransaction parseFromJSON(final String line) {
        // ...
        throw new UnsupportedOperationException();
    }
```

```java
    public BankTransaction parseFromXML(final String line) {
        // ...
        throw new UnsupportedOperationException();
    }
}
```

Na verdade, os métodos são categorizados logicamente para "analisarem sintatica-mente". Entretanto, eles são diferentes por natureza e cada um dos métodos não seria relacionado. Agrupá-los também violaria o SRP, que você aprendeu anteriormente, porque a classe é responsável por múltiplas preocupações. Consequentemente, essa abordagem não é recomendada.

Você aprenderá em "Agrupamento" mais adiante que existem técnicas para resolver o problema de oferecer diferentes implementações para analisar sintaticamente enquanto também mantém alta coesão.

Sequencial

Digamos que você precise ler um arquivo, analisá-lo sintaticamente, processá-lo e salvar a informação. É possível agrupar todos os métodos em uma única classe. Afinal, a saída de leitura do arquivo se torna a entrada para a análise, a saída da análise se torna a entrada para o processamento, e assim por diante.

Chama-se coesão sequencial porque você está agrupando os métodos de modo que sigam uma sequência de entrada e saída. Isso facilita a compreensão de como as operações funcionam juntas. Infelizmente, na prática, significa que a classe agrupando os métodos tem múltiplas razões para mudar e está, portanto, violando o SRP. Além disso, há muitas maneiras diferentes de processar, resumir e salvar, então essa técnica leva rapidamente a classes complexas.

Uma abordagem melhor é dividir cada responsabilidade dentro de classes coesivas individuais.

Temporal

Uma classe com coesão temporal é aquela que realiza diversas operações que se relacionam apenas ao tempo. Um exemplo típico é uma classe que declara certo tipo de operações de inicialização e limpeza (por ex., conectando e fechando uma conexão da base de dados) que é chamada antes ou depois de outras operações de processamento. A inicialização e as outras operações não são relacionadas, mas têm que ser chamadas em uma ordem específica no tempo.

Tabela 2-1. Resumo de prós e contras para os diferentes níveis de coesão

Nível de coesão	Pró	Contra
Funcional (alta coesão)	Fácil de entender	Pode levar a classes exageradamente simplistas
Informacional (média coesão)	Fácil de manter	Pode levar a dependências desnecessárias
Sequencial (média coesão)	Fácil de localizar operações relacionadas	Encoraja a violação do SRP
Lógica (média coesão)	Oferece certo tipo de categorização de alto nível	Encoraja a violação do SRP
Utilitária (baixa coesão)	Simples de implementar	Mais difícil de racionalizar a responsabilidade da classe
Temporal (baixa coesão)	N/D	Mais difícil de entender e utilizar operações individuais

Coesão no Nível do Método

O mesmo princípio de coesão pode ser aplicado a métodos. Quanto mais funcionalidades diferentes um método realiza, mais difícil se torna entender o que ele realmente faz, ou seja, seu método tem baixa coesão se lida com múltiplas preocupações não relacionadas. Os métodos que manifestam baixa coesão também são mais difíceis de testar porque têm múltiplas responsabilidades dentro de um método, dificultando testá-las individualmente! Em geral, se você se depara com um método que contém uma série de blocos if/else que fazem modificações em muitos campos diferentes de uma classe ou parâmetros para o método, então é sinal de que deve separar o método em partes mais coesivas.

Acoplamento

Outra característica importante sobre o código que você escreve é o *acoplamento. Coesão* tem a ver com coisas relacionadas em uma classe, pacote ou método; *acoplamento* tem a ver com a dependência que você tem de outras classes. Outra forma de pensar sobre acoplamento é no conhecimento (ou seja, implementação específica) que você se baseia acerca de determinadas classes. Isso é importante porque em quanto mais classes você se baseia, menos flexível você se torna ao introduzir mudança. Na verdade, a classe afetada por uma mudança pode afetar todas as classes dependentes dela.

Para entender o que é o acoplamento, pense em um relógio. Não é necessário saber como um relógio funciona para ler as horas, então você não depende dos componentes do relógio. Isso significa que poderia alterar esses componentes sem afetar a leitura da hora. Essas duas preocupações (interface e implementação) são desacopladas uma da outra.

O acoplamento está relacionado com o *quão dependentes* as coisas são. Por exemplo, até aqui a classe BankStatementAnalyzer depende da classe BankStatementCSVParser. E se você precisar alterar o parser de modo a suportar declarações codificadas como entradas JSON? E as entradas XML? Seria uma refatoração desagradável! Mas não se preocupe, você pode dissociar componentes diferentes utilizando uma interface, que é a ferramenta escolhida para prover flexibilidade para os requisitos que mudam.

Primeiro, é preciso apresentar uma interface que informará como você pode usar um parser para extratos bancários, mas sem codificar uma implementação específica, como mostrado no Exemplo 2-11.

Exemplo 2-11. Introduzindo uma interface para analisar sintaticamente extratos bancários

```java
public interface BankStatementParser {
    BankTransaction parseFrom(String line);
    List<BankTransaction> parseLinesFrom(List<String> lines);
}
```

A classe BankStatementCSVParser agora será uma implementação dessa interface:

```java
public class BankStatementCSVParser implements BankStatementParser {
    // ...
}
```

Até aqui tudo bem, mas como dissociar BankStatementAnalyzer da implementação específica de BankStatementCSVParser? Você precisa usar a interface! Ao introduzir um novo método chamado analyze(), que tem BankTransactionParser como argumento, você não está mais acoplado a uma implementação específica (veja o Exemplo 2-12).

Exemplo 2-12. Dissociando o Analista de Extratos Bancários do parser

```java
public class BankStatementAnalyzer {
    private static final String RESOURCES = "src/main/resources/";

    public void analyze(final String fileName, final BankStatementParser bankStatementParser)
    throws IOException {

        final Path path = Paths.get(RESOURCES + fileName);
        final List<String> lines = Files.readAllLines(path);

        final List<BankTransaction> bankTransactions = bankStatementParser.parseLinesFrom(lines);

        final BankStatementProcessor bankStatementProcessor = new BankStatementProcessor(bankTransactions);

        collectSummary(bankStatementProcessor);
    }

    // ...
}
```

Acoplamento | 21

É ótimo porque a classe BankStatementAnalyzer não exige mais conhecimento de diferentes implementações específicas, o que ajuda a lidar com os requisitos que mudam. A Figura 2-1 ilustra a diferença das dependências quando você dissocia duas classes.

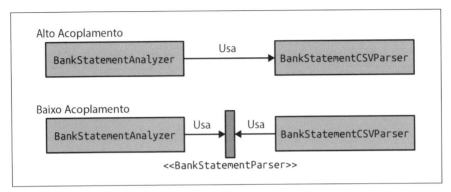

Figura 2-1. Dissociando duas classes

Agora você pode reunir todas as partes diferentes e criar sua aplicação principal, como no Exemplo 2-13.

Exemplo 2-13. A aplicação principal a executar

```java
public class MainApplication {

    public static void main(final String... args) throws IOException {

        final BankStatementAnalyzer bankStatementAnalyzer
            = new BankStatementAnalyzer();

        final BankStatementParser bankStatementParser
            = new BankStatementCSVParser();

        bankStatementAnalyzer.analyze(args[0], bankStatementParser);

    }
}
```

Em geral, ao escrever códigos você visa o *baixo acoplamento*, ou seja, diferentes componentes em seu código não dependem dos detalhes internos/implementação. O oposto do baixo acoplamento chama-se *alto acoplamento*, que definitivamente deve ser evitado!

Teste

Você escreveu um software e parece que as coisas estão funcionando, caso execute sua aplicação algumas vezes. Entretanto, qual sua confiança de que o código funcionará sempre? Quais garantias você pode oferecer a seu cliente de ter cumprido as exigências? Nesta seção, você aprenderá a respeito de testes e como escrever seu primeiro teste automatizado utilizando a estrutura de teste do Java mais popular e amplamente adotada: JUnit.

Teste Automatizado

O teste automatizado parece mais uma daquelas coisas que podem roubar-lhe tempo da parte divertida, que é escrever o código! Por que você deveria se importar?

Infelizmente, as coisas nunca funcionam da primeira vez no desenvolvimento de softwares. Deveria ser bem óbvio que o teste tem benefícios. Consegue imaginar-se integrando um novo software de piloto automático para aviões sem testar se ele realmente funciona?

Mas o teste não precisa ser uma operação manual. Na testagem automatizada você tem um conjunto de testes que são executados automaticamente sem intervenção humana. Isso significa que os testes podem ser executados rapidamente quando você está introduzindo alterações no código e quer aumentar a confiança de que o comportamento do seu software está correto e não se tornou inesperado de repente. Em um dia normal, um desenvolvedor profissional costuma realizar centenas ou milhares de testes automatizados.

Nesta seção, primeiro veremos rapidamente os benefícios da testagem automatizada para que você entenda com clareza por que o teste é uma parte essencial do bom desenvolvimento de softwares.

Confiança

Primeiro, realizar testes em seu software para validar se o comportamento equivale à especificação lhe traz a confiança de ter cumprido os requisitos do cliente. Você pode apresentar as especificações e os resultados do teste para seu cliente como garantia. De certa forma, os testes tornam-se a especificação de seu cliente.

Robustez nas alterações

Segundo, se você fizer mudanças em seu código, como saberá se não corrompeu nada sem querer? Se o código for pequeno, você pode achar que os problemas serão óbvios. Porém, e se estiver trabalhando em uma base de código com milhões de linhas? O quanto se sentiria confiante em fazer alterações no código de um colega? Ter um conjunto de testes automatizados é muito útil para verificar se você não inseriu novos bugs.

Compreensão do programa

Terceiro, os testes automatizados podem ser úteis para ajudá-lo a entender como funcionam os diferentes componentes dentro do código-fonte do projeto. Na verdade, os testes mostram as dependências de componentes diferentes e como elas interagem. Isso pode ser extremamente útil para obter um panorama rápido de seu software. Digamos que você seja atribuído a um novo projeto. Por onde começaria para ter um panorama dos diferentes componentes? Os testes são um ótimo ponto de partida.

Utilizando o JUnit

Espero que agora você esteja convencido do valor de escrever testes automatizados. Nesta seção, você aprenderá como criar seu primeiro teste automatizado usando uma popular estrutura do Java chamada *JUnit*. Nada vem de graça. Você verá que escrever um teste leva tempo. Além disso, terá que pensar sobre a manutenção de prazo mais longo do teste escrito, já que afinal é um código comum. Entretanto, os benefícios listados na seção anterior superam muito as desvantagens de precisar escrever testes. Você escreverá especificamente *testes unitários*, que verificam a exatidão de uma pequena unidade isolada de comportamento, como um método ou uma classe pequena. Ao longo do livro você aprenderá sobre diretrizes para escrever bons testes. Aqui, terá uma visão geral inicial para escrever um teste simples para BankTransactionCSVParser.

Definindo um método de teste

A primeira pergunta é: Onde escrever seu teste? A convenção-padrão das ferramentas de construção de Maven e Gradle é incluir seu código em *src/main/java* e as classes de teste em *src/test/java*. Também precisará incluir uma dependência na biblioteca JUnit para seu projeto. Você aprenderá mais sobre como estruturar um projeto utilizando Maven e Gradle no Capítulo 3.

O Exemplo 2-14 mostra um teste simples para BankTransactionCSVParser.

 Nossa classe de teste BankStatementCSVParserTest tem o sufixo Test. Não é uma exigência, mas é muito usado como um auxílio útil.

Exemplo 2-14. Uma unidade de teste falha para o parser CSV

```java
import org.junit.Assert;
import org.junit.Test;
public class BankStatementCSVParserTest {

    private final BankStatementParser statementParser = new BankStatementCSVParser();

    @Test
    public void shouldParseOneCorrectLine() throws Exception {
        Assert.fail("Not yet implemented");
    }

}
```

Existem muitas partes novas aqui. Vamos explicá-las separadamente:

- A classe de teste unitário é uma classe ordinária chamada BankStatementCSVParserTest. É uma convenção comum usar o sufixo Test no final dos nomes das classes de teste;
- A classe declara um método: shouldParseOneCorrectLine(). Recomenda-se sempre criar um nome descritivo para que fique bem óbvio o que o teste unitário faz sem ver a implementação do método de teste;
- Esse método é indicado com a anotação @Test do JUnit. Significa que o método representa um teste unitário que deve ser executado. Você pode declarar métodos de auxílio privados com uma classe de teste, mas eles não serão executados pelo executor de teste;
- A implementação da chamada desse método é Assert.fail("Not yet implemented"), o que fará o teste unitário falhar com a mensagem de diagnóstico "Not yet implemented". Você aprenderá em breve como realmente implementar um teste unitário utilizando um conjunto de operações de afirmação disponíveis no JUnit.

Você pode executar seu teste diretamente de sua ferramenta de construção favorita (por ex., Maven ou Gradle) ou utilizando seu IDE. Por exemplo, após executar o teste no IntelliJ IDE, verá a saída na Figura 2-2. É possível ver que o teste falha com o diagnóstico "Not yet implemented" [Ainda não implementado]. Veremos agora como realmente implementar um teste útil para aumentar a confiança de que BankStatementCSVParser funciona corretamente.

Figura 2-2. Captura de tela do IntelliJ IDE ao executar um teste unitário que falha

Declarações Assert

Você acabou de aprender sobre Assert.fail(). É um método estático oferecido pelo JUnit chamado *declaração assert*. O JUnit oferece muitas declarações assert para testar certas condições, que permitem fornecer um resultado esperado e compará-lo com o resultado de alguma operação.

Um desses métodos estáticos chama-se Assert.assertEquals(). Você pode usá-lo como no Exemplo 2-15 para testar se a implementação de parseFrom() funciona corretamente para determinada entrada.

Exemplo 2-15. Utilizando declarações assertivas

```
@Test
public void shouldParseOneCorrectLine() throws Exception {
    final String line = "30-01-2017,-50,Tesco";

    final BankTransaction result = statementParser.parseFrom(line);

    final BankTransaction expected
        = new BankTransaction(LocalDate.of(2017, Month.JANUARY, 30), -50, "Tesco");
    final double tolerance = 0.0d;

    Assert.assertEquals(expected.getDate(), result.getDate());
    Assert.assertEquals(expected.getAmount(), result.getAmount(), tolerance);
    Assert.assertEquals(expected.getDescription(), result.getDescription());
}
```

O que está acontecendo aqui? Há três partes:

1. Você define o contexto para seu teste. Nesse caso, uma linha para analisar;
2. Realiza uma ação. Nesse caso, você analisa a linha de entrada;
3. Especifica afirmações da saída esperada. Aqui, verifica se a data, o montante e a descrição foram corretamente analisados.

Esse padrão com três estágios para configurar um teste unitário costuma ser chamado de fórmula *Given-When-Then*. É interessante seguir o padrão e dividir as diferentes partes porque ajuda a compreender claramente o que o teste está realmente fazendo.

Quando você executar o teste novamente, com um pouco de sorte verá uma bela barra verde indicando que ele foi bem-sucedido, como mostrado na Figura 2-3.

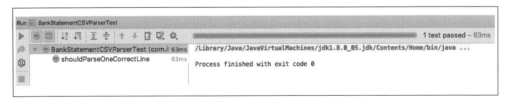

Figura 2-3. Executando um teste unitário bem-sucedido

Há outras declarações assert disponíveis, que estão resumidas na Tabela 2-2.

Tabela 2-2. Declarações assert

Declaração assert	Propósito
`Assert.fail(message)`	Permite que o método falhe. É útil como um marcador antes que você implemente o código de teste.
`Assert.assertEquals (expected, actual)`	Testa se dois valores são iguais.
`Assert.assertEquals (expected, actual, delta)`	Afirma que dois floats ou doubles são iguais dentro de um delta.
`Assert.assertNotNull(object)`	Afirma que um objeto não é nulo.

Code Coverage

Você escreveu seu primeiro teste e está ótimo! Mas como sabe se é suficiente? *Code coverage* [*cobertura de código*] se refere a quanto código-fonte de seu software (ou seja, quantas linhas ou blocos) é testado por um conjunto de testes. Costuma ser interessante buscar uma alta cobertura, pois reduz a chance de bugs inesperados. Não existe uma porcentagem específica considerada suficiente, mas recomendamos buscar cerca de 70%–90%. Na realidade, é difícil e nada prático realmente atingir 100% de code coverage porque você pode, por exemplo, começar testando métodos getter e setter, o que oferece menos valor.

Entretanto, o code coverage não é necessariamente uma boa métrica do grau de teste do seu software. Na verdade, ele informa apenas o que você realmente não testou. Ele não diz nada a respeito da qualidade de seus testes. Você pode cobrir partes de seu código com um test case simples, mas não necessariamente para edge cases, que costumam levar a questões problemáticas.

Algumas ferramentas de code coverage populares no Java são *JaCoCo, Emma* e *Cobertura*. Na prática, você verá pessoas falando sobre line coverage [cobertura de linha], que mostra quantas declarações o código cobriu. Essa técnica dá um falso senso de ter boa cobertura porque as condicionais (if, while, for) contarão como uma declaração. Entretanto, as condicionais têm muitos caminhos possíveis. Você deve preferir a *branch coverage* [cobertura de desvio], que verifica o desvio verdadeiro e falso de cada condicional.

Conclusões

- Classes Deus e duplicação de código geram códigos difíceis de racionalizar e manter;
- O Single Responsibility Principle ajuda a escrever códigos mais fáceis de gerenciar e manter;
- Coesão se refere à relação forte das responsabilidades de uma classe ou um método;
- Acoplamento se refere à dependência de uma classe de outras partes de seu código;
- Alta coesão e baixo acoplamento são características de um código passível de manutenção;
- Um conjunto de testes automatizados aumenta a confiança de que seu software está correto, o torna mais robusto para alterações e ajuda na compreensão do programa;
- JUnit é uma estrutura de testes do Java que permite especificar testes unitários que verificam o comportamento de seus métodos e classes;
- Given-When-Then é um padrão para definir um teste em três partes para ajudar a entender os testes implementados.

Iterando

Se quiser estender e consolidar o conhecimento desta seção, pode tentar uma destas atividades:

- Escrever mais alguns testes unitários para testar a implementação do parser do CSV;
- Inserir diferentes operações combinadas, como encontrar transações máximas ou mínimas em intervalos de datas específicos;
- Retornar um histograma das despesas agrupando-as por meses e descrições.

Concluindo o Desafio

Mark Erbergzuck está muito feliz com a primeira iteração de seu Analista de Extratos Bancários. Ele pega a ideia e a renomeia como **O Analista de Extratos Bancários**. Está tão feliz com sua aplicação que solicita algumas melhorias. Acontece que ele gostaria de ampliar as funcionalidades de ler, analisar, processar e resumir. Por exemplo, ele é fã de JSON. Além disso, achou seus testes um tanto limitados e encontrou alguns bugs.

Isso é algo que abordaremos no próximo capítulo, no qual você aprenderá sobre o tratamento de exceções, o Open/Closed Principle e como construir seu projeto Java utilizando uma ferramenta de construção.

CAPÍTULO 3
Estendendo o Analista de Extratos Bancários

O Desafio

Mark Erbergzuck ficou muito feliz com seu trabalho no capítulo anterior. Você construiu um Analista de Extratos Bancários básico como um produto viável mínimo. Por causa desse sucesso, Mark Erbergzuck acredita que seu produto possa ser levado adiante e lhe pede para construir uma nova versão que suporte múltiplos recursos.

O Objetivo

No capítulo anterior você aprendeu a criar uma aplicação para analisar extratos bancários em um formato CSV. Ao longo dessa jornada você aprendeu sobre os princípios centrais que ajudam a escrever um código passível de manutenção, o Single Responsibility Principle, e antipadrões que deve evitar, como a Classe Deus e a duplicação de código. Enquanto estava refatorando progressivamente seu código, aprendeu também sobre acoplamento (o quão dependente você é de outras classes) e coesão (o quão relacionadas são as coisas em uma classe).

Todavia a aplicação ainda é bastante limitada. Que tal oferecer uma funcionalidade para pesquisar diferentes tipos de transações, suportando múltiplos formatos, processadores e exportando os resultados para um belo relatório com diferentes formatos, como texto e HTML?

Neste capítulo, você se aprofundará em sua missão de desenvolver um software. Primeiro, aprenderá sobre o Open/Closed Principle, que é essencial para adicionar flexibilidade à sua base de código e melhorar a manutenção do código. Você também aprenderá sobre as diretrizes gerais para quando fizer sentido introduzir interfaces, bem como outros problemas para evitar um alto acoplamento. Também aprenderá sobre o uso de exceções no

Java — quando faz sentido ou não incluí-las como parte das APIs definidas. Finalmente, aprenderá como construir sistematicamente um projeto Java usando uma ferramenta de construção consagrada, como Maven e Gradle.

Se em qualquer ponto você quiser consultar o código-fonte deste capítulo, poderá acessar o pacote `com.iteratrlearning.shu_book.chapter_03` no repositório de códigos do livro.

Requisitos do Analista de Extratos Bancários Estendido

Você teve uma conversa amigável com Mark Erbergzuck para reunir novos requisitos para a segunda iteração do Analista de Extratos Bancários. Ele gostaria de ampliar a funcionalidade dos tipos de operações que pode realizar. No momento, a aplicação é limitada, pois pode consultar apenas a receita de um determinado mês ou categoria. Mark solicitou duas novas funcionalidades:

1. Ele gostaria também de pesquisar transações específicas. Por exemplo, você deveria ser capaz de retornar todas as transações bancárias em determinado intervalo de datas ou para uma categoria específica;
2. Mark gostaria de poder gerar um relatório de estatísticas resumidas para sua pesquisa em diferentes formatos, como texto e HTML.

Você trabalhará com esses requisitos em ordem.

Open/Closed Principle

Vamos começar simples. Você implementará um método que possa encontrar todas as transações acima de certo montante. A primeira pergunta é: Onde você deveria declarar esse método? Poderia criar uma classe `BankTransactionFinder` separada que conterá um simples método `findTransactions()`. Entretanto, você também declarou uma classe `BankTransactionProcessor` no capítulo anterior. Então o que fazer? Nesse caso, não há muitos benefícios em declarar uma nova classe sempre que precisa incluir um único método. Na verdade, isso aumenta a complexidade em todo o projeto, pois introduz muitos nomes que dificultam a compreensão dos relacionamentos entre os diferentes comportamentos. Declarar o método dentro de `BankTransactionProcessor` ajuda nessa detectabilidade, já que você sabe imediatamente que esta é a classe que agrupa todos os métodos que realizam alguma forma de processamento. Agora que decidiu onde declará-lo, pode implementá-lo conforme mostrado no Exemplo 3-1.

Exemplo 3-1. Encontre as transações bancárias acima de certo montante

```java
public List<BankTransaction> findTransactionsGreaterThanEqual(final int amount) {
    final List<BankTransaction> result = new ArrayList<>();
    for(final BankTransaction bankTransaction: bankTransactions) {
        if(bankTransaction.getAmount() >= amount) {
            result.add(bankTransaction);
        }
    }
    return result;
}
```

Este código é razoável. Entretanto, e se você também quiser pesquisar em determinado mês? Precisará duplicar esse método como mostrado no Exemplo 3-2.

Exemplo 3-2. Encontre as transações bancárias em determinado mês

```java
public List<BankTransaction> findTransactionsInMonth(final Month month) {
    final List<BankTransaction> result = new ArrayList<>();
    for(final BankTransaction bankTransaction: bankTransactions) {
        if(bankTransaction.getDate().getMonth() == month) {
            result.add(bankTransaction);
        }
    }
    return result;
}
```

No capítulo anterior, você já viu a duplicação de código. É um code smell que leva a um código frágil, especialmente se os requisitos mudam com frequência. Por exemplo, se a lógica da iteração precisa mudar, você precisará repetir as modificações em diversos lugares.

Essa abordagem também não funciona bem para requisitos mais complicados. E se quisermos pesquisar transações em um mês específico e também acima de certo montante? Você poderia implementar esse novo requisito como mostrado no Exemplo 3-3.

Exemplo 3-3. Encontre as transações bancárias em determinado mês e acima de certo montante

```java
public List<BankTransaction> findTransactionsInMonthAndGreater(final Month month,
final int amount) {
    final List<BankTransaction> result = new ArrayList<>();
    for(final BankTransaction bankTransaction: bankTransactions) {
        if(bankTransaction.getDate().getMonth() == month && bankTransaction.getA
mount() >= amount) {
            result.add(bankTransaction);
        }
    }
    return result;
}
```

Open/Closed Principle | 31

Essa abordagem claramente mostra várias desvantagens:

- Seu código se tornará cada vez mais complicado, já que será preciso combinar diversas propriedades de uma transação bancária;
- A lógica de seleção está acoplada à lógica de iteração, tornando mais difícil separá-las;
- Você continua duplicando o código.

É aqui que entra o Open/Closed. Ele promove a ideia de ser capaz de alterar o comportamento de um método ou uma classe sem precisar modificar o código. Em nosso exemplo, isso significaria a capacidade de ampliar o comportamento de um método findTransactions() sem precisar duplicar o código ou alterá-lo para introduzir um parâmetro novo. Como é possível? Como discutido anteriormente, os conceitos de iteração e a lógica comercial são agrupados. No capítulo anterior, você aprendeu sobre interfaces como uma ferramenta útil para dissociar os conceitos. Nesse caso, você introduzirá uma interface BankTransactionFilter que será responsável pela lógica de seleção, como mostrado no Exemplo 3-4. Ela contém um único método test() que retorna um booliano e toma todo o objeto BankTransaction como um argumento. Dessa forma, o método test() tem acesso a todas as propriedades de BankTransaction para especificar quaisquer critérios de seleção apropriados.

Uma interface com apenas um único método abstrato chama-se *interface funcional* desde o Java 8. Você pode anotá-la usando @FunctionalInterface para esclarecer a intenção da interface.

Exemplo 3-4. A interface BankTransactionFilter

```
@FunctionalInterface
public interface BankTransactionFilter {
    boolean test(BankTransaction bankTransaction);
}
```

O Java 8 introduziu uma interface java.util.function.Predicate<T> genérica, que se adequaria muito bem ao problema em questão. Entretanto, este capítulo apresenta uma nova interface nomeada para evitar inserir muita complexidade no início do livro.

A interface BankTransactionFilter modela o conceito de um critério de seleção para um BankTransaction. Você pode agora refatorar o método findTransactions() para ser utilizado como no Exemplo 3-5. Essa refatoração é muito importante porque foi inserida uma forma de dissociar a lógica de iteração da lógica comercial por meio dessa interface.

Seu método já não depende mais de uma implementação específica de um filtro. Você pode introduzir novas implementações passando-as como argumento sem modificar o corpo do método. Sendo assim, agora ele está aberto para a extensão e fechado para a modificação. Isso reduz o escopo para inserir novos bugs porque minimiza as alterações em cascata para partes do código que já foram implementadas e testadas. Em outras palavras, o código antigo ainda funciona e está intocado.

Exemplo 3-5. Método findTransactions() flexível utilizando o Open/Closed Principle

```java
public List<BankTransaction> findTransactions(final BankTransactionFilter bankTran
sactionFilter) {
    final List<BankTransaction> result = new ArrayList<>();
    for(final BankTransaction bankTransaction: bankTransactions) {
        if(bankTransactionFilter.test(bankTransaction)) {
            result.add(bankTransaction);
        }
    }
    return result;
}
```

Criando uma Instância a partir de uma Interface Funcional

Mark Erbergzuck agora está feliz porque você é capaz de implementar quaisquer requisitos novos chamando o método findTransactions() declarado em BankTransaction Processor com a implementação adequada de um BankTransactionFilter. Isso é feito implementando uma classe como mostrado no Exemplo 3-6, e então passando uma instância como argumento para o método findTransactions(), como no Exemplo 3-7.

Exemplo 3-6. Declarando uma classe que implementa o BankTransactionFilter

```java
class BankTransactionIsInFebruaryAndExpensive implements BankTransactionFilter {

    @Override
    public boolean test(final BankTransaction bankTransaction) {
        return bankTransaction.getDate().getMonth() == Month.FEBRUARY
                && bankTransaction.getAmount() >= 1_000);
    }
}
```

Exemplo 3-7. Chamando findTransactions() com uma implementação específica de BankTransactionFilter

```java
final List<BankTransaction> transactions
    = bankStatementProcessor.findTransactions(new BankTransactionIsInFebruaryAndEx
pensive());
```

Expressões Lambda

Porém, você precisaria criar classes especiais sempre que surge um requisito novo. Esse processo pode incluir boilerplates desnecessários e complicar-se rapidamente. Desde o Java 8, você usa um recurso chamado *expressões lambda* como mostrado no Exemplo 3-8. Não se preocupe com a sintaxe e o recurso da linguagem por enquanto. Aprenderemos sobre expressões lambda e um recurso de linguagem complementar chamado *referências do método* mais detalhadamente no Capítulo 7. Por enquanto, você pode pensar nele não como passando um objeto que implementa uma interface, mas passando um bloco de código, uma função sem um nome. O nome de um parâmetro é `bankTransaction` e a seta `->` separa o parâmetro do corpo da expressão lambda, que é apenas um código executado para testar se a transação bancária deve ou não ser selecionada.

Exemplo 3-8. Implementando BankTransactionFilter com uma expressão lambda

```
final List<BankTransaction> transactions
    = bankStatementProcessor.findTransactions(bankTransaction ->
            bankTransaction.getDate().getMonth() == Month.FEBRUARY
            && bankTransaction.getAmount() >= 1_000);
```

Resumindo, Open/Closed Principle é um princípio útil a ser seguido porque:

- Reduz a fragilidade do código por não alterar o código existente;
- Promove a reutilização do código existente evitando, assim, a duplicação;
- Promove a dissociação, que leva a uma melhor manutenção do código.

Problemas nas Interfaces

Até agora você inseriu um método flexível para pesquisar transações segundo determinado critério de seleção. A refatoração realizada levanta questões sobre o que deveria acontecer aos outros métodos declarados dentro da classe `BankTransactionProcessor`. Eles deveriam fazer parte de uma interface? Deveriam ser incluídos em uma classe separada? Afinal, existem outros três métodos relacionados que você implementou no capítulo anterior:

- `calculateTotalAmount();`
- `calculateTotalInMonth();`
- `calculateTotalForCategory().`

Uma abordagem que desencorajamos é colocar tudo dentro de uma única interface: a Interface Deus.

Interface Deus

Uma visão extrema que você pode adotar é a de que a classe `BankTransactionProcessor` age como uma API. Por isso, pode ser interessante definir uma interface que lhe permita dissociar das múltiplas implementações de um processador de transações bancárias, como mostrado no Exemplo 3-9. Essa interface contém todas as operações que o processador de transações bancárias precisa implementar.

Exemplo 3-9. Interface Deus

```java
interface BankTransactionProcessor {
    double calculateTotalAmount();
    double calculateTotalInMonth(Month month);
    double calculateTotalInJanuary();
    double calculateAverageAmount();
    double calculateAverageAmountForCategory(Category category);
    List<BankTransaction> findTransactions(BankTransactionFilter bankTransactionFil
ter);
}
```

Entretanto, essa abordagem tem muitas desvantagens. Primeiro, a interface fica cada vez mais complexa, já que toda operação auxiliar é parte integral da definição API explícita. Segundo, a interface age mais como uma "Classe Deus" como visto no capítulo anterior. Na verdade, a interface agora centralizou todas as operações possíveis. Pior, você está introduzindo duas formas de dissociação adicionais:

- Uma interface no Java define um contrato de que cada uma das implementações precisa seguir. Em outras palavras, as implementações concretas dessa interface precisam oferecer uma implementação para cada operação. Quer dizer que alterar a interface significa que todas as implementações concretas precisam ser atualizadas de modo a suportar a alteração. Quanto mais operações você inclui, mais será provável que ocorram alterações, aumentando o escopo para potenciais problemas no futuro;

- Propriedades concretas de uma `BankTransaction`, como o mês e a categoria, surgiram como parte de nomes de método; por ex., `calculateAverageFor Category()` e `calculateTotalInJanuary()`. Isso é mais problemático com interfaces, pois elas agora dependem de acessos específicos de um objeto de domínio. Se os componentes daquele objeto de domínio mudam, isso pode causar alterações na interface também e, consequentemente, em todas as suas implementações concretas.

São todos motivos pelos quais geralmente recomenda-se definir interfaces menores. A ideia é minimizar a dependência para múltiplas operações ou componentes de um objeto de domínio.

Problemas nas Interfaces | 35

Muito Granular

Como acabamos de defender que menor é melhor, a outra visão oposta que você pode adotar é a de definir uma interface para cada operação, como no Exemplo 3-10. Sua classe `BankTransactionProcessor` implementaria todas estas interfaces.

Exemplo 3-10. Interfaces que são muito granulares

```
interface CalculateTotalAmount {
    double calculateTotalAmount();
}

interface CalculateAverage {
    double calculateAverage();
}

interface CalculateTotalInMonth {
    double calculateTotalInMonth(Month month);
}
```

Essa abordagem também não é útil para melhorar a manutenção do código. Na verdade, ela introduz uma "anticoesão", ou seja, fica mais difícil descobrir as operações de interesse, pois elas se escondem em múltiplas interfaces separadas. Parte de promover uma boa manutenção é ajudar a descobrir operações comuns. Além disso, como as interfaces são muito granulares, isso aumenta a complexidade geral, bem como muitos diferentes novos tipos inseridos pelas novas interfaces a serem acompanhadas em seu projeto.

API Explícita Versus Implícita

Então, qual a abordagem pragmática a ser adotada? Recomendamos seguir o Open/ Closed Principle para adicionar flexibilidade a suas operações e definir os casos mais comuns como parte da classe. Eles podem ser implementados com os métodos mais gerais. Nesse cenário, não recomendamos particularmente uma interface, pois não esperamos implementações diferentes de `BankTransactionProcessor`. Não existe especializações de cada um dos métodos que beneficiarão sua aplicação como um todo. Por isso, não há necessidade de exagerar e incluir abstrações desnecessárias em sua base de código. `BankTransactionProcessor` é simplesmente uma classe que permite realizar operações estatísticas em transações bancárias.

Isso também levanta a questão acerca de declarar métodos como `findTransactions-GreaterThanEqual()`, já que podem ser facilmente implementados pelo método mais geral `findTransactions()`. Esse dilema costuma ser chamado de problema de oferecer uma API explícita versus implícita.

---

36 | **CAPÍTULO 3: Estendendo o Analista de Extratos Bancários**

Na verdade, deve-se considerar os dois lados da moeda. De um lado, um método como findTransactionsGreaterThanEqual() é autoexplicativo e fácil de usar. Você não deveria se preocupar em incluir nomes de métodos descritivos para ajudar na leitura e na compreensão de sua API. Entretanto, esse método é restrito a um caso específico e você pode facilmente ter uma explosão de novos métodos para suprir requisitos múltiplos. Do outro lado, um método como findTransactions() é, a princípio, mais difícil de usar e precisa ser bem documentado. Porém ele oferece uma API unificada para todos os casos em que você precisa pesquisar as transações. Não há uma regra acerca do que é melhor; depende de quais consultas você espera. Se findTransactionsGreaterThanEqual() é uma operação muito comum, faz sentido extraí-la para uma API explícita para facilitar o entendimento e o uso dos usuários.

A implementação final de BankTransactionProcessor aparece no Exemplo 3-11.

Exemplo 3-11. Operações-chave para a classe BankTransactionProcessor

```java
@FunctionalInterface
public interface BankTransactionSummarizer {
    double summarize(double accumulator, BankTransaction bankTransaction);
}


@FunctionalInterface
public interface BankTransactionFilter {
    boolean test(BankTransaction bankTransaction);
}

public class BankTransactionProcessor {

    private final List<BankTransaction> bankTransactions;

    public BankStatementProcessor(final List<BankTransaction> bankTransactions) {
        this.bankTransactions = bankTransactions;
    }

    public double summarizeTransactions(final BankTransactionSummarizer bankTransac
tionSummarizer) {
        double result = 0;
        for(final BankTransaction bankTransaction: bankTransactions) {
            result = bankTransactionSummarizer.summarize(result, bankTransaction);
        }
        return result;
    }

    public double calculateTotalInMonth(final Month month) {
        return summarizeTransactions((acc, bankTransaction) ->
                bankTransaction.getDate().getMonth() == month ? acc + bankTransac
tion.getAmount() : acc
        );
    }
    // ...
```

API Explícita Versus Implícita | 37

```java
    public List<BankTransaction> findTransactions(final BankTransactionFilter bank
TransactionFilter) {
        final List<BankTransaction> result = new ArrayList<>();
        for(final BankTransaction bankTransaction: bankTransactions) {
            if(bankTransactionFilter.test(bankTransaction)) {
                result.add(bankTransaction);
            }
        }
        return bankTransactions;
    }

    public List<BankTransaction> findTransactionsGreaterThanEqual(final int amount)
{
        return findTransactions(bankTransaction -> bankTransaction.getAmount() >=
amount);
    }

    // ...
}
```

Muitos padrões de agregação que você viu até aqui poderiam ser implementados usando a API Streams introduzida no Java 8, caso esteja familiarizado. Por exemplo, pesquisar transações pode ser facilmente especificado como mostrado aqui:

```
bankTransactions
    .stream()
    .filter(bankTransaction -> bankTransaction.getA
mount() >= 1_000)
    .collect(toList());
```

Todavia, a API Streams é implementada utilizando os mesmos fundamentos e princípios aprendidos nesta seção.

Classe de Domínio ou Valor Primitivo?

Quando mantemos a definição de BankTransactionSummarizer simples, é preferível não retornar um valor primitivo como double se você estiver vendo um resultado de retorno de uma agregação. Isso não lhe dá a flexibilidade de mais tarde retornar múltiplos resultados. Por exemplo, o método summarizeTransaction() retorna um double. Se alterasse a assinatura do resultado para incluir mais resultados, você precisaria alterar cada uma das implementações de BankTransactionProcessor.

Uma solução para o problema é introduzir uma nova classe de domínio como Summary que oculta o valor double. Isso significa que no futuro você pode incluir outros campos e resultados nessa classe. Essa técnica ajuda a dissociar mais os diversos conceitos em seu domínio e também ajuda a minimizar as alterações em cascata quando os requisitos mudam.

Um valor primitivo `double` tem um número limitado de bits, e por isso tem uma precisão limitada ao armazenar números decimais. Uma alternativa a considerar é `java.math.BigDecimal`, que possui precisão arbitrária. Entretanto, essa precisão vem à custa do aumento de overhead da CPU e da memória.

Múltiplos Exportadores

Na seção anterior você aprendeu sobre o Open/Closed Principle e aprofundou-se no uso das interfaces em Java. Esse conhecimento será útil já que Mark Erbergzuck tem um novo requisito! Você precisa exportar estatísticas resumidas sobre uma lista de transações selecionadas em diferentes formatos: texto, HTML, JSON etc. Por onde começar?

Introduzindo um Objeto de Domínio

Primeiro, você precisa definir exatamente o que o usuário quer exportar. Existem diversas possibilidades, que exploraremos com suas compensações:

Número

> Talvez o usuário esteja interessado apenas em retornar o resultado de uma operação como `calculateAverageInMonth`. Isso significa que o resultado seria um `double`. Ainda que seja a abordagem mais simples, como observamos antes, ela é um tanto inflexível, pois não lida bem com mudanças nos requisitos. Imagine criar um exportador que considera `double` como uma entrada; isso significa que todos os lugares de seu código que chamam esse exportador precisarão ser atualizados se você precisar alterar o tipo de resultado, possivelmente inserindo novos bugs.

Coleção

> Talvez o usuário queira retornar uma lista de transações, por exemplo, retornada por `findTransaction()`. Você poderia até retornar uma `Iterable` para oferecer maior flexibilidade na implementação específica retornada. Embora conceda mais flexibilidade, também limita sua capacidade de retornar apenas uma coleção. E se você precisar retornar múltiplos resultados como uma lista ou outra informação resumida?

Objeto de domínio especializado

> Você poderia introduzir um novo conceito como `SummaryStatistics` que representa a informação resumida que o usuário está interessado em exportar. Um *objeto de domínio* é simplesmente a instância de uma classe relacionada ao seu domínio. Ao introduzir um objeto de domínio, você introduz uma forma de dissociação. Na

verdade, se houver novos requisitos em que você precisa exportar informações adicionais, poderá simplesmente inclui-los como parte dessa nova classe sem precisar inserir alterações em cascata.

Objeto de domínio mais complexo

Você poderia introduzir um conceito como Report que é mais genérico e poderia conter diferentes tipos de campos armazenando diversos resultados, inclusive uma coleção de transações. Se você precisa ou não disso depende dos requisitos do usuário e se está esperando mais informações complexas. O benefício novamente é que você será capaz de dissociar diferentes partes de sua aplicação que produzem objetos Report e outras partes que consomem objetos Report.

Para o propósito de nossa aplicação, introduziremos um objeto de domínio que armazene estatísticas resumidas sobre uma lista de transações. O código no Exemplo 3-12 mostra sua declaração.

Exemplo 3-12. Um objeto de domínio armazenando informações estatísticas

```java
public class SummaryStatistics {

    private final double sum;
    private final double max;
    private final double min;
    private final double average;

    public SummaryStatistics(final double sum, final double max, final double min,
final double average) {
        this.sum = sum;
        this.max = max;
        this.min = min;
        this.average = average;
    }

    public double getSum() {
        return sum;
    }

    public double getMax() {
        return max;
    }

    public double getMin() {
        return min;
    }

    public double getAverage() {
        return average;
    }
}
```

Definindo e Implementando a Interface Adequada

Agora que você sabe o que precisa exportar, elaborará uma API para fazê-lo. Precisará definir uma interface chamada `Exporter`. O motivo para introduzir uma interface é lhe permitir dissociar a partir de múltiplas implementações dos exportadores. Isso se alinha ao Open/Closed Principle aprendido na seção anterior. Na verdade, se você precisar substituir a implementação de um exportador para JSON com um exportador para XML, será simples já que ambos implementarão a mesma interface. Sua primeira tentativa de definir a interface pode ser como no Exemplo 3-13. O método `export()` pega um objeto `SummaryStatistics` e retorna `void`.

Exemplo 3-13. Interface Exporter ruim

```java
public interface Exporter {
    void export(SummaryStatistics summaryStatistics);
}
```

Deve-se evitar essa abordagem por diversos motivos:

- O tipo de retorno `void` não é útil e é difícil de racionalizar. Você não sabe o que é retornado. A assinatura do método `export()` implica que está acontecendo alguma alteração de estado em algum lugar ou que esse método registrará em log ou imprimirá a informação na tela. Não sabemos!

- Retornar `void` dificulta muito o teste do resultado com declarações. Qual é o verdadeiro resultado para comparar com o resultado esperado? Infelizmente você não consegue um resultado com `void`.

Com isso em mente, crie uma API alternativa que retorna `String`, como mostrado no Exemplo 3-14. Agora está claro que o `Exporter` retornará texto e cabe a uma parte separada do programa decidir imprimi-lo, salvá-lo em um arquivo ou até mesmo enviá-lo eletronicamente. Strings de texto também são muito úteis para testar, pois você pode compará-las diretamente com as declarações.

Exemplo 3-14. Interface Exporter boa

```java
public interface Exporter {
    String export(SummaryStatistics summaryStatistics);
}
```

Agora que você definiu uma API para exportar informações, pode implementar diversos tipos de exportadores que respeitam o contrato da interface `Exporter`. Você pode ver um exemplo de implementação de um exportador HTML básico no Exemplo 3-15.

Exemplo 3-15. Implementando a interface Exporter

```java
public class HtmlExporter implements Exporter {
    @Override
    public String export(final SummaryStatistics summaryStatistics) {

        String result = "<!doctype html>";
        result += "<html lang='en'>";
        result += "<head><title>Bank Transaction Report</title></head>";
        result += "<body>";
        result += "<ul>";
        result += "<li><strong>The sum is</strong>: " + summaryStatistics.getSum()
+ "</li>";
        result += "<li><strong>The average is</strong>: " + summaryStatistics.getA
verage() + "</li>";
        result += "<li><strong>The max is</strong>: " + summaryStatistics.getMax()
+ "</li>";
        result += "<li><strong>The min is</strong>: " + summaryStatistics.getMin()
+ "</li>";
        result += "</ul>";
        result += "</body>";
        result += "</html>";
        return result;
    }
}
```

Tratamento de Exceções

Até agora não falamos sobre o que acontece quando as coisas dão errado. Você consegue imaginar situações em que o software de análise bancária pode falhar? Por exemplo:

- E se os dados não puderem ser adequadamente analisados?
- E se o arquivo CSV com as transações bancárias a importar não puder ser lido?
- E se o hardware executando suas aplicações ficar sem recursos, como RAM ou espaço em disco?

Nesses cenários você verá uma assustadora mensagem de erro que inclui um stack trace mostrando a origem do problema. Os trechos no Exemplo 3-16 mostram exemplos desses erros inesperados.

Exemplo 3-16. Problemas inesperados

```
Exception in thread "main" java.lang.ArrayIndexOutOfBoundsException: 0

Exception in thread "main" java.nio.file.NoSuchFileException: src/main/resources/
bank-data-simple.csv

Exception in thread "main" java.lang.OutOfMemoryError: Java heap space
```

Por Que Usar Exceções?

Focaremos o `BankStatementCSVParser` por enquanto. Como lidamos com problemas de análise? Por exemplo, uma linha CSV no arquivo pode não ter sido escrita no formato esperado:

- Uma linha CSV pode ter mais de três colunas esperadas;
- Uma linha CSV pode ter menos de três colunas esperadas;
- O formato de dados de algumas colunas pode não estar correto, por ex., a data pode estar incorreta.

Antigamente, na temível época da linguagem de programação C, você incluiria uma porção de verificações de condição if que retornariam um código de erro enigmático. Essa abordagem tinha muitas desvantagens. Primeiro, dependia de um estado global compartilhado mutável para procurar o erro mais recente. Isso dificultava o entendimento das partes individuais de seu código isoladamente. Por isso, seu código ficava mais difícil de manter. Segundo, essa abordagem era suscetível a erros, pois era necessário distinguir entre valores reais e erros codificados como valores. O sistema de tipos nesse caso era ruim e podia ser mais útil ao programador. Por fim, o fluxo de controle era misturado à lógica comercial, o que contribuía para dificultar a manutenção do código e o teste em isolamento.

Para resolver esses problemas, o Java incorporou exceções como um ótimo recurso de linguagem que introduziu muitos benefícios:

Documentação

A linguagem suporta exceções como parte das assinaturas do método.

Segurança do tipo

O sistema de tipos descobre se você está lidando com o fluxo excepcional.

Separação da preocupação

A lógica comercial e a recuperação de exceção são separadas com um bloco try/catch.

O problema é que as exceções como recurso de linguagem também incluem mais complexidade. Você pode estar familiarizado com o fato de que o Java distingue entre dois tipos de exceções:

Exceções verificadas

> São erros dos quais espera-se que você seja capaz de se recuperar. No Java, você precisa declarar um método com uma lista de exceções verificadas que ele pode gerar. Se não, é preciso oferecer um bloco try/catch adequado àquela exceção específica.

Exceções não verificadas

> São erros que podem ser gerados a qualquer momento durante a execução do programa. Os métodos não precisam declarar explicitamente essas exceções em sua assinatura e o chamador não precisa tratá-las explicitamente, como faria com uma exceção verificada.

As classes de exceção Java são organizadas em uma hierarquia bem definida. A Figura 3-1 representa essa hierarquia no Java. As classes Error e RuntimeException são exceções não verificadas e são subclasses de Throwable. Você não deve esperar capturar e recuperar-se delas. A classe Exception costuma representar os erros dos quais um programa deve ser capaz de se recuperar.

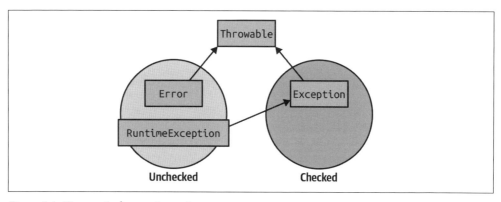

Figura 3-1. Hierarquia de exceções no Java

Padrões e Antipadrões com Exceções

Qual categoria de exceções você deveria usar neste cenário? Você pode também imaginar como deveria atualizar a API BankStatementParser para suportar as exceções. Infelizmente, não existe uma resposta simples. É necessário um pouco de pragmatismo ao decidir qual a abordagem certa no seu caso.

Há duas preocupações distintas ao analisar o arquivo CSV:

- Análise da sintaxe certa (por ex., CSV, JSON);
- Validação dos dados (por ex., a descrição de texto deveria ter menos de cem caracteres).

Primeiro você se concentra no erro de sintaxe, depois na validação dos dados.

Decidindo entre não verificada e verificada

Há situações em que o arquivo CSV pode não seguir a sintaxe correta (por exemplo, se não há vírgulas de separação). Ignorar esse problema gerará erros confusos ao executar a aplicação. Parte do benefício de suportar exceções em seu código é oferecer um diagnóstico mais claro ao usuário de sua API no caso de ocorrer um problema. Sendo assim, você decide adicionar uma verificação simples, como mostrado no código do Exemplo 3-17, que gera uma CSVSyntaxException.

Exemplo 3-17. Gerando uma exceção de sintaxe

```java
final String[] columns = line.split(",");

if(columns.length < EXPECTED_ATTRIBUTES_LENGTH) {
    throw new CSVSyntaxException();
}
```

CSVSyntaxException deveria ser uma exceção verificada ou não verificada? Para responder é preciso perguntar-se se você precisa que o usuário de sua API tome uma ação de recuperação compulsória. Por exemplo, o usuário poderá implementar um mecanismo de retry se for um erro transitório ou exibir uma mensagem na tela para adicionar uma reação elegante à aplicação. Geralmente, erros advindos da validação da lógica comercial (por ex., aritmética ou formato errado) devem ser exceções não verificadas, pois adicionariam muita desordem try/catch em seu código. Pode também não ser óbvio qual é o mecanismo de recuperação correto, portanto, não faz sentido impor isso ao usuário de sua API. Além disso, os erros do sistema (por ex., o disco ficou sem espaço) também devem ser exceções não verificadas, pois não há nada que o cliente possa fazer. Em suma, a recomendação é utilizar exceções não verificadas e utilizar as verificadas apenas com moderação para evitar uma desordem significativa no código.

Agora sanaremos o problema de validar os dados ao saber que eles seguem o formato CSV correto. Você aprenderá sobre dois antipadrões comuns com o uso de exceções para a validação. Então aprenderá sobre o padrão Notification, que oferece uma solução sustentável para o problema.

Tratamento de Exceções | 45

Excessivamente específica

A primeira pergunta que passa pela sua cabeça é: onde você deve incluir sua lógica de validação? Você poderia colocá-la durante a construção do objeto BankStatement, porém recomendamos criar uma classe Validator dedicada por diversos motivos:

- Você não tem que duplicar a lógica de validação quando precisa reutilizá-la;
- Você tem confiança de que diferentes partes de seu sistema são validadas da mesma forma;
- Você pode facilmente fazer um teste unitário nessa lógica separadamente;
- Segue o SRP, que leva a manutenção e compreensão do programa mais simples.

Há diversas abordagens para implementar seu validador utilizando exceções. Uma abordagem muito específica aparece no Exemplo 3-18. Você pensou em cada edge case para validar a entrada e converteu cada um deles em uma exceção verificada. As exceções DescriptionTooLongException, InvalidDateFormat, DateInTheFutureException e InvalidAmountException são todas exceções verificadas definidas pelo usuário (ou seja, estendem a classe Exception). Ainda que essa abordagem permita especificar mecanismos de recuperação precisos para cada exceção, ela é claramente improdutiva, pois exige muitas configurações, declara múltiplas exceções e força o usuário a lidar explicitamente com cada uma delas. É o oposto de ajudar o usuário a entender e simplesmente usar sua API. Além disso, você não pode coletar todos os erros como um conjunto, caso queira oferecer uma lista ao usuário.

Exemplo 3-18. Exceções muito específicas

```java
public class OverlySpecificBankStatementValidator {

    private String description;
    private String date;
    private String amount;

    public OverlySpecificBankStatementValidator(final String description, final
String date, final String amount) {
        this.description = Objects.requireNonNull(description);
        this.date = Objects.requireNonNull(description);
        this.amount = Objects.requireNonNull(description);
    }

    public boolean validate() throws DescriptionTooLongException,
                                     InvalidDateFormat,
                                     DateInTheFutureException,
                                     InvalidAmountException {

        if(this.description.length() > 100) {
            throw new DescriptionTooLongException();
        }
```

```java
        final LocalDate parsedDate;
        try {
            parsedDate = LocalDate.parse(this.date);
        }
        catch (DateTimeParseException e) {
            throw new InvalidDateFormat();
        }
        if (parsedDate.isAfter(LocalDate.now())) throw new DateInTheFutureException();

        try {
            Double.parseDouble(this.amount);
        }
        catch (NumberFormatException e) {
            throw new InvalidAmountException();
        }
        return true;
    }
}
```

Excessivamente apática

A outra ponta do espectro é tornar tudo uma exceção não verificada; por exemplo, usando IllegalArgumentException. O código no Exemplo 3-19 mostra a implementação do método validate() seguindo essa abordagem. O problema com essa abordagem é que você não pode ter uma lógica de recuperação específica porque todas as exceções são iguais! Além disso, você ainda não pode coletar todos os erros como um conjunto.

Exemplo 3-19. Exceções IllegalArgument em todo lugar

```java
public boolean validate() {

    if(this.description.length() > 100) {
        throw new IllegalArgumentException("The description is too long");
    }

    final LocalDate parsedDate;
    try {
        parsedDate = LocalDate.parse(this.date);
    }
    catch (DateTimeParseException e) {
        throw new IllegalArgumentException("Invalid format for date", e);
    }
    if (parsedDate.isAfter(LocalDate.now())) throw new IllegalArgumentExcep
tion("date cannot be in the future");

    try {
        Double.parseDouble(this.amount);
    }
    catch (NumberFormatException e) {
        throw new IllegalArgumentException("Invalid format for amount", e);
    }
    return true;
}
```

Depois você aprenderá sobre o padrão Notification, que oferece uma solução às desvantagens destacadas pelos antipadrões muito específicos e muito apáticos.

Padrão Notification

O padrão Notification busca oferecer uma solução para a situação na qual você está usando muitas exceções não verificadas. A solução é introduzir uma classe de domínio para coletar erros.[1]

A primeira coisa que você precisa é de uma classe `Notification` cuja responsabilidade seja coletar erros. O código no Exemplo 3-20 mostra sua declaração.

Exemplo 3-20. Introduzindo a classe de domínio Notification para coletar erros

```java
public class Notification {
    private final List<String> errors = new ArrayList<>();

    public void addError(final String message) {
        errors.add(message);
    }

    public boolean hasErrors() {
        return !errors.isEmpty();
    }

    public String errorMessage() {
        return errors.toString();
    }

    public List<String> getErrors() {
        return this.errors;
    }

}
```

O benefício de introduzir tal classe é que agora você pode declarar um validador capaz de coletar múltiplos erros em um ciclo. Isso não foi possível nas duas abordagens anteriores que você explorou. Em vez de gerar exceções, você pode simplesmente incluir mensagens no objeto `Notification` como mostrado no Exemplo 3-21.

Exemplo 3-21. Padrão Notification

```java
public Notification validate() {

    final Notification notification = new Notification();
    if(this.description.length() > 100) {
        notification.addError("The description is too long");
    }
```

---

[1] Esse padrão foi proposto primeiro por Martin Fowler.

```java
final LocalDate parsedDate;
try {
    parsedDate = LocalDate.parse(this.date);
    if (parsedDate.isAfter(LocalDate.now())) {
        notification.addError("date cannot be in the future");
    }
}
catch (DateTimeParseException e) {
    notification.addError("Invalid format for date");
}

final double amount;
try {
    amount = Double.parseDouble(this.amount);
}
catch (NumberFormatException e) {
    notification.addError("Invalid format for amount");
}
return notification;
}
```

Diretrizes para Usar Exceções

Agora que você aprendeu as situações nas quais pode usar exceções, veremos algumas diretrizes gerais para usá-las efetivamente em sua aplicação.

Não ignore uma exceção

Nunca é uma boa ideia ignorar uma exceção, já que você não será capaz de diagnosticar a raiz do problema. Se não houver um mecanismo de tratamento óbvio, então gere uma exceção não verificada. Dessa forma, se realmente precisar tratar uma exceção verificada, será forçado a voltar e lidar com ela antes de ver o problema na execução.

Não capture uma Exception genérica

Capture uma exceção específica tanto quanto for possível para melhorar a legibilidade e suportar um tratamento de exceções mais específico. Se você capturar uma Exception genérica, ela também incluirá uma RuntimeException. Algumas IDEs podem gerar uma cláusula de captura que também é muito geral, então pode ser que você precise pensar em especificar mais a cláusula de captura.

Tratamento de Exceções | 49

Documente as exceções

Documente as exceções no nível da API, incluindo as exceções não verificadas, para facilitar a solução do problema. Na verdade, as exceções não verificadas informam a raiz de um problema que deve ser abordado. O código no Exemplo 3-22 mostra uma documentação de exceções usando a sintaxe @throws do Javadoc.

Exemplo 3-22. Documentando exceções

```
@throws NoSuchFileException if the file does not exist
@throws DirectoryNotEmptyException if the file is a directory and
could not otherwise be deleted because the directory is not empty
@throws IOException if an I/O error occurs
@throws SecurityException In the case of the default provider,
and a security manager is installed, the {@link SecurityManager#checkDelete(String)}
method is invoked to check delete access to the file
```

Fique atento às exceções específicas da implementação

Não gere exceções específicas da implementação, pois elas quebram o encapsulamento de sua API. Por exemplo, a definição de read() no Exemplo 3-23 força quaisquer implementações futuras a gerar uma OracleException, quando read() claramente não pode suportar fontes que sejam completamente não relacionadas à Oracle!

Exemplo 3-23. Evite exceções específicas da implementação

```
public String read(final Source source) throws OracleException { ... }
```

Exceções versus controle de fluxo

Não use exceções para o controle de fluxo. O código no Exemplo 3-24 exemplifica um mau uso de exceções no Java. O código depende de uma exceção para sair do loop de leitura.

Exemplo 3-24. Usando exceções para o controle de fluxo

```
try {
    while (true) {
        System.out.println(source.read());
    }
}
catch(NoDataException e) {
}
```

50 | CAPÍTULO 3: Estendendo o Analista de Extratos Bancários

Você deve evitar esse tipo de código por diversos motivos. Primeiro, ele gera uma má legibilidade do código porque a sintaxe try/catch da exceção adiciona uma desordem desnecessária. Segundo, torna a intenção de seu código menos compreensível. As exceções representam um recurso para lidar com erros e cenários excepcionais. Consequentemente, é bom não criar uma exceção até ter certeza de que precisa gerá-la. Por fim, há um overhead associado a manter um stack trace, caso uma exceção seja gerada.

Alternativas às Exceções

Você aprendeu sobre o uso de exceções em Java com o propósito de tornar seu Analista de Extratos Bancários mais robusto e compreensível para seus usuários. Mas quais são as alternativas às exceções? Descrevemos brevemente quatro abordagens alternativas com seus prós e contras.

Usando null

Em vez de gerar uma exceção específica, você pode perguntar por que não pode simplesmente retornar null, como mostrado no Exemplo 3-25.

Exemplo 3-25. Retornando null em vez de uma exceção

```java
final String[] columns = line.split(",");

if(columns.length < EXPECTED_ATTRIBUTES_LENGTH) {
    return null;
}
```

Essa abordagem deve ser obviamente evitada. Na verdade, null não oferece informações úteis ao chamador. É também suscetível a erros, já que você precisa lembrar-se explicitamente de verificar a existência de null como resultado de sua API. Na prática, leva a muitas NullPointerExceptions e muita depuração desnecessária!

O padrão Null Object

Uma abordagem que você às vezes vê adotada no Java é o *padrão Null Object*. Em suma, em vez de retornar uma referência null para transmitir a ausência de um objeto, você retorna um objeto que implementa a interface esperada, mas cujos corpos do método estão vazios. A vantagem dessa tática é que você não lidará com as exceções Null Pointer inesperadas e uma longa lista de verificações null. Na verdade, esse objeto vazio é muito previsível porque não faz nada funcionalmente! Todavia, tal padrão também pode ser problemático porque você pode esconder possíveis problemas nos dados com um objeto que simplesmente ignora o problema real, e por isso dificulta mais a solução do problema.

Optional<T>

O Java 8 introduziu um tipo de dados predefinido `java.util.Optional<T>` para representar a presença ou a ausência de um valor. `Optional<T>` vem com um conjunto de métodos para lidar explicitamente com a ausência de um valor, que é útil para reduzir o escopo de bugs. Permite também que você escreva diversos objetos `Optional` juntos, que podem ser retornados como um tipo de retorno de diferentes APIs usadas. Um exemplo é o método `findAny()` na API Streams. Você aprenderá mais sobre como pode usar `Optional<T>` no Capítulo 7.

Try<T>

Há outro tipo de dados chamado `Try<T>`, que representa uma operação que pode ser bem-sucedida ou falhar. De certa forma, é análogo a `Optional<T>`, mas em vez de valores você trabalha com operações. Em outras palavras, o tipo de dados `Try<T>` tem benefícios de composição de código semelhantes e também ajuda a reduzir o escopo de erros em seu código. Infelizmente, o tipo de dados `Try<T>` não é predefinido no JDK, mas é suportado por bibliotecas externas que você pode consultar.

Usando uma Build Tool

Até aqui você aprendeu boas práticas e princípios de programação. Mas e a estruturação, a construção e a execução de sua aplicação? Esta seção explica por que usar uma build tool para seu projeto é uma necessidade e como você pode usar uma, como Maven e Gradle, para construir e executar sua aplicação de maneira previsível. No Capítulo 5, você aprenderá mais sobre um tópico relacionado de como estruturar a aplicação com eficiência usando pacotes Java.

Por Que Usar uma Build Tool?

Pensaremos no problema de executar sua aplicação. Existem diversos elementos dos quais você precisa cuidar. Primeiro, após escrever o código do seu projeto, precisará compilá-lo. Para isso, terá que usar o compilador do Java (javac). Você se lembra de todos os comandos necessários para compilar múltiplos arquivos? E múltiplos pacotes? E o gerenciamento de dependências, caso importe outras bibliotecas Java? E se o projeto precisar ser empacotado em um formato específico como WAR ou JAR? Repentinamente as coisas ficam confusas, e há cada vez mais pressão sobre o desenvolvedor.

Para automatizar todos os comandos necessários, você precisará criar um script para que não tenha que repetir o comando todas as vezes. Introduzir um novo script significa que todos os seus colegas de equipe atuais e futuros precisarão familiarizar-se com seu jeito de pensar para serem capazes de manter e alterar o script conforme os requisitos evoluem. Segundo, o ciclo de vida do desenvolvimento de software precisa ser considerado. Não tem a ver apenas com desenvolver e compilar o código. Que tal testá-lo e implementá-lo?

A solução é utilizar uma build tool. Você pode pensar em uma build tool como um assistente que pode automatizar as tarefas repetitivas no ciclo de vida de desenvolvimento de software, incluindo construção, teste e implementação de sua aplicação. Uma build tool tem muitos benefícios:

- Proporciona uma estrutura comum para pensar em um projeto de forma que seus colegas sintam-se imediatamente em casa com ele;
- Estabelece um processo reproduzível e padronizado para construir e executar uma aplicação;
- Você passa mais tempo desenvolvendo, e menos tempo em configurações de baixo nível e ajustes;
- Reduz o escopo para a introdução de erros devido à má configuração ou à omissão de passos na construção;
- Economiza tempo reutilizando tarefas de construção comuns, em vez de reimplementá-las.

Agora você vai explorar duas build tools populares utilizadas na comunidade Java: Maven e Gradle.[2]

Usando Maven

O Maven é extremamente popular na comunidade Java. Ele permite que você descreva o processo de construção para seu software com suas dependências. Além disso, há uma grande comunidade mantendo repositórios que o Maven pode usar para baixar automaticamente as bibliotecas e as dependências usadas por sua aplicação. O Maven foi lançado em 2004 e, como pode-se imaginar, o XML era muito popular na época! Consequentemente, a declaração do processo de construção no Maven baseia-se em XML.

---

[2] Quando o Java iniciou, havia outra build tool popular, chamada Ant, mas que hoje é considerada decadente e não deve mais ser usada.

Estrutura do projeto

O ponto alto do Maven é que desde o início ele vem com uma estrutura para ajudar na manutenção. Um projeto Maven começa com duas pastas principais:

/src/main/java

    Nesta você desenvolve e encontra todas as classes Java necessárias para seu projeto.

src/test/java

    Nesta você desenvolverá e encontrará todos os testes para seu projeto.

Há duas pastas adicionais que são úteis, mas não obrigatórias:

src/main/resources

    Nesta você pode incluir fontes extras, como arquivos de texto necessários para sua aplicação.

src/test/resources

    Nesta você pode incluir recursos extras usados por seus testes.

Ter esse layout comum de diretórios permite que qualquer pessoa familiarizada com o Maven seja imediatamente capaz de localizar arquivos importantes. Para especificar o processo de construção, você precisará criar um arquivo *pom.xml* onde serão especificadas diversas declarações XML para documentar os passos necessários para construir sua aplicação. A Figura 3-2 resume o layout comum dos projetos Maven.

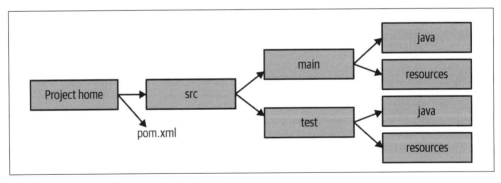

Figura 3-2. Layout de diretórios padrão do Maven

Exemplo de arquivo de construção

O próximo passo é criar o *pom.xml* que ditará o processo de construção. O fragmento de código no Exemplo 3-26 mostra um exemplo básico que você pode usar para construir o projeto Analista de Extratos Bancários. Veremos diversos elementos neste arquivo:

project

  É o elemento de nível mais alto em todos os arquivos *pom.xml*.

groupId

  Este elemento indica o identificador único da organização que criou o projeto.

artifactId

  Este elemento especifica um nome base único para o artefato gerado pelo processo de construção.

packaging

  Este elemento indica o tipo de pacote a ser usado pelo artefato (por ex., JAR, WAR, EAR etc.). O padrão é JAR, caso o elemento XML packaging seja omitido.

version

  A versão do artefato gerado pelo projeto.

build

  Este elemento especifica diversas configurações para guiar o processo de construção, como plug-ins e recursos.

dependencies

  Este elemento especifica uma lista de dependências para o projeto.

Exemplo 3-26. Arquivo de construção pom.xml no Maven

```
<?xml version="1.0" encoding="UTF-8"?>
<project xmlns="http://maven.apache.org/POM/4.0.0"
        xmlns:xsi="http://www.w3.org/2001/XMLSchema-instance"
        xsi:schemaLocation="http://maven.apache.org/POM/4.0.0 http://
maven.apache.org/xsd/maven-4.0.0.xsd">
    <modelVersion>4.0.0</modelVersion>

    <groupId>com.iteratrlearning</groupId>
    <artifactId>bankstatement_analyzer</artifactId>
    <version>1.0-SNAPSHOT</version>
```

```xml
<build>
    <plugins>
        <plugin>
            <groupId>org.apache.maven.plugins</groupId>
            <artifactId>maven-compiler-plugin</artifactId>
            <version>3.7.0</version>
            <configuration>
                <source>9</source>
                <target>9</target>
            </configuration>
        </plugin>
    </plugins>
</build>

<dependencies>
    <dependency>
        <groupId>junit</groupId>
        <artifactId>junit</artifactId>
        <version>4.12</version>
        <scope>test</scope>
    </dependency>
</dependencies>
</project>
```

Comandos do Maven

Uma vez que tenha configurado um *pom.xml*, o próximo passo é usar o Maven para construir e empacotar seu projeto! Existem vários comandos disponíveis. Veremos apenas os básicos:

mvn clean

Limpa quaisquer artefatos gerados por uma construção anterior.

mvn compile

Compila o código-fonte do projeto (por padrão, em uma pasta *de destino* gerada).

mvn test

Testa o código-fonte compilado.

mvn package

Empacota o código compilado em um formato adequado, como JAR.

Por exemplo, executar o comando mvn `package` no diretório onde o arquivo *pom.xml* está localizado produzirá uma saída semelhante a esta:

```
[INFO] Scanning for projects...
[INFO]
[INFO] ------------------------------------------------------------------------
[INFO] Building bankstatement_analyzer 1.0-SNAPSHOT
[INFO] ------------------------------------------------------------------------
[INFO]
[INFO] ------------------------------------------------------------------------
[INFO] BUILD SUCCESS
[INFO] ------------------------------------------------------------------------
[INFO] Total time: 1.063 s
[INFO] Finished at: 2018-06-10T12:14:48+01:00
[INFO] Final Memory: 10M/47M
```

Você verá o JAR *bankstatement_analyzer-1.0-SNAPSHOT.jar* gerado na pasta *de destino*.

Se quiser executar uma classe principal no artefato gerado usando o comando mvn, precisará dar uma olhada no plug-in exec.

Usando Gradle

O Maven não é a única build tool disponível no espaço Java. Gradle é uma alternativa popular ao Maven. Mas você pode se perguntar: Por que usar outra build tool? O Maven não é o mais adotado? Uma das deficiências do Maven é que o uso do XML pode tornar as coisas menos legíveis e mais complicadas de trabalhar. Por exemplo, costuma ser necessário como parte do processo de construção fornecer diversos comandos de sistema personalizados, como copiar e mover arquivos. Especificar tais comandos usando uma sintaxe XML não é natural. Além disso, o XML costuma ser considerado uma linguagem prolixa, que pode aumentar o overhead de manutenção. Entretanto, o Maven apresentou muitas boas ideias, como a padronização da estrutura do projeto, na qual o Gradle se inspira. Uma das maiores vantagens do Gradle é usar um Domain Specific Language (DSL) amigável utilizando as linguagens de programação Groovy ou Kotlin para especificar o processo de construção. Por isso, especificar a construção é mais natural, mais fácil de personalizar e mais simples de entender. Além disso, o Gradle suporta recursos, como cache e compilação incremental, que contribuem com um tempo de construção mais rápido.[3]

---

[3] Para ter mais informações sobre Maven versus Gradle, veja *https://gradle.org/maven-vs-gradle/* [conteúdo em inglês].

Exemplo de arquivo de construção

O Gradle segue uma estrutura de projeto semelhante à do Maven. Porém, em vez de um arquivo *pom.xml*, você declarará um arquivo *build.gradle*. Há também um arquivo *settings.gradle* que inclui variáveis de configuração e definição para a construção de um multiprojeto. No fragmento de código no Exemplo 3-27 vemos um pequeno arquivo de construção escrito em Gradle que é equivalente ao exemplo em Maven visto no Exemplo 3-26. Admita que é muito mais conciso!

Exemplo 3-27. Arquivo de construção build.gradle em Gradle

```
apply plugin: 'java'
apply plugin: 'application'

group = 'com.iteratrlearning'
version = '1.0-SNAPSHOT'

sourceCompatibility = 9
targetCompatibility = 9

mainClassName = "com.iteratrlearning.MainApplication"

repositories {
    mavenCentral()
}
dependencies {
    testImplementation group: 'junit', name: 'junit', version:'4.12'
}
```

Comandos do Gradle

Finalmente, você pode agora realizar o processo de construção executando comandos semelhantes aos que aprendeu com o Maven. Cada comando em Gradle é uma tarefa. Você pode definir suas próprias tarefas e executá-las ou usar tarefas predefinidas, como test, build e clean:

gradle clean

> Limpa os arquivos gerados durante uma construção anterior.

gradle build

> Empacota a aplicação.

gradle test

> Executa os testes.

```
gradle run
```

Executa a classe principal especificada em `mainClassName`, contanto que o plug-in `application` seja aplicado.

Por exemplo, executar `gradle build` produzirá uma saída semelhante a esta:

```
BUILD SUCCESSFUL in 1s
2 actionable tasks: 2 executed
```

Você encontrará o JAR gerado na pasta `build` que é criada pelo Gradle durante o processo de construção.

Conclusões

- O Open/Closed Principle promove a ideia de ser capaz de alterar o comportamento de um método ou uma classe sem ter que modificar o código;
- O Open/Closed Principle reduz a fragilidade do código por não alterar o código existente, promove a reutilização do código existente e a dissociação, que leva a uma melhor manutenção do código;
- As interfaces Deus com muitos métodos específicos introduzem complexidade e acoplamento;
- Uma interface muito granular com métodos únicos pode introduzir o oposto de coesão;
- Você não deve se preocupar em incluir nomes de métodos descritivos para ajudar na legibilidade e na compreensão de sua API;
- Retornar void como resultado de uma operação dificulta o teste de seu comportamento;
- As exceções no Java contribuem com a documentação, segurança do tipo e separação das preocupações;
- Use as exceções verificadas com moderação, pois podem causar uma desordem significativa;
- As exceções muito específicas podem tornar o desenvolvimento do software improdutivo;
- O padrão Notification introduz uma classe de domínio para coletar erros;
- Não ignore uma exceção nem capture uma `Exception` genérica, pois perderá os benefícios de diagnosticar a raiz do problema;
- Uma build tool automatiza as tarefas repetitivas no ciclo de vida do desenvolvimento do software, inclusive a construção, o teste e a implementação de sua aplicação;
- Maven e Gradle são duas build tools populares usadas na comunidade Java.

Iterando

Se quiser ampliar e consolidar os conhecimentos desta seção, você pode tentar uma destas atividades:

- Incluir suporte para exportar em diferentes formatos de dados, inclusive JSON e XML;
- Desenvolver uma GUI básica em torno do Analista de Extratos Bancários.

Concluindo o Desafio

Mark Erbergzuck está muito feliz com sua iteração final do Analista de Extratos Bancários. Alguns dias depois, o mundo entrou em uma nova crise financeira e sua aplicação está viralizando. Hora de trabalhar em um novo projeto empolgante no próximo capítulo!

CAPÍTULO 4
Sistema de Gerenciamento de Documentos

O Desafio

Após implementar com sucesso um Analista de Extratos Bancários avançado para Mark Erbergzuck você decide cuidar de alguns afazeres, inclusive ir a uma consulta no dentista. Dra. Avaj tem sido bem-sucedida em sua prática há muitos anos. Seus pacientes felizes mantêm seus dentes brancos até a velhice. A desvantagem desse sucesso é que todos os anos são geradas cada vez mais fichas de pacientes. Toda vez que ela precisa encontrar um registro de um tratamento anterior, seus assistentes perdem cada vez mais tempo procurando nos arquivos físicos.

Ela percebeu que era hora de automatizar o processo de gerenciar esses documentos e registrá-los. Felizmente, ela tem um paciente que pode fazer isso! Você ajudará criando para ela um software que gerencie esses documentos e permita encontrar a informação, possibilitando que sua prática progrida e cresça.

O Objetivo

Neste capítulo você aprenderá sobre diversos princípios diferentes de desenvolvimento de software. A chave para o design de gerenciamento de documentos é um relacionamento de herança, que significa estender uma classe ou implementar uma interface. Para fazer isso da forma certa, você conhecerá o Liskov Substitution Principle, batizado em homenagem à famosa cientista de computação Barbara Liskov.

Sua compreensão de quando usar a herança será concretizada com uma discussão do princípio de "Composição acima da herança".

Por fim, ampliará seu conhecimento de como escrever códigos de teste automatizados ao entender o que compõe um teste bom e sustentável. Agora que já contamos a trama deste capítulo, voltaremos para entender os requisitos da Dra. Avaj para o Sistema de Gerenciamento de Documentos.

Se em algum ponto você quiser consultar o código-fonte deste capítulo, veja o pacote com.iteratrlearning.shu_book.chapter_04 no repositório de códigos do livro.

Requisitos do Sistema de Gerenciamento de Documentos

Uma agradável xícara de chá com a Dra. Avaj revelou que ela tem documentos que quer gerenciar em seu computador. O Sistema de Gerenciamento de Documentos precisa ser capaz de importar esses arquivos e registrar algumas informações sobre cada arquivo que pode ser indexado e pesquisado. Há três tipos de documentos importantes para ela:

Relatórios [Reports]

    Um corpo de texto detalhando algumas consultas de operação em um paciente.

Cartas [Letters]

    Um documento de texto enviado a um endereço (você provavelmente já conhece eles; pense a respeito).

Imagens [Images]

    A prática dental costuma registrar raios-x ou fotos de dentes e gengivas. Elas são grandes.

Além disso, todos os documentos precisam registrar o caminho até o arquivo que está sendo gerenciado e a qual paciente se refere o documento. Dra. Avaj precisa pesquisar esses documentos e verificar se cada um dos atributos sobre um tipo diferente de documento contém determinadas informações; por exemplo, pesquisar cartas em que o corpo contém "Joe Bloggs".

Durante a conversa, você também concluiu que a Dra. Avaj pode querer incluir outros tipos de documentos no futuro.

Desenvolvendo o Design

Ao lidar com esse processo, há muitas escolhas de design importantes a serem feitas e abordagens de modelagem que podemos adotar. Essas escolhas são subjetivas e você pode sentir-se à vontade para criar uma solução para o problema da Dra. Avaj antes ou depois de ler este capítulo. Em "Abordagens Alternativas", na página 71, você pode ver os motivos pelos quais evitamos diferentes escolhas e seus princípios dominantes.

Um bom primeiro passo na abordagem de qualquer programa é começar como TDD [desenvolvimento orientado a testes], que foi o que fizemos ao escrever a solução de amostra do livro. Não falaremos sobre TDD até o Capítulo 5, então começaremos pensando sobre os comportamentos que seu software precisa realizar e gradativamente desenvolveremos o código que implementa tais comportamentos.

O Sistema de Gerenciamento de Documentos deve ser capaz de importar documentos mediante solicitação e incluí-los em seu armazenamento interno de documentos. A fim de cumprir esse requisito, criaremos a classe `DocumentManagementSystem` e adicionaremos dois métodos:

`void importFile(String path)`

> Segue o caminho para um arquivo que nosso usuário quer importar para o Sistema de Gerenciamento de Documentos. Como é um método de API pública que pode receber entradas de usuários em um sistema de produção, assumimos nosso caminho como `String`, em vez de dependente de uma classe com segurança de tipo, como `java.nio.Path` ou `java.io.File`.

`List<Document> contents()`

> Retorna uma lista de todos os documentos que o Sistema Gerenciador de Documentos já armazena.

Você perceberá que `contents()` retorna uma lista de alguma classe `Document`. Ainda não dissemos o que essa classe envolve, mas ela reaparecerá no devido tempo. Por enquanto, você pode fingir que é uma classe vazia.

Importadores

Uma característica-chave desse sistema é que precisamos importar documentos de tipos diferentes. Para esse sistema, você pode contar com extensões do arquivo para decidir como importá-las, já que a Dra. Avaj salva os arquivos com extensões bem específicas. Todas as suas cartas têm a extensão *.letter*, os relatórios têm *.report* e *.jpg* é o único formato de imagem usado.

A coisa mais simples a fazer seria apenas gerar todo o código do mecanismo de importação em um único método, como mostrado no Exemplo 4-1.

Exemplo 4-1. Exemplo de troca de extensões

```
switch(extension) {
    case "letter":
        // code for importing letters.
        break;
```

```
    case "report":
        // code for importing reports.
        break;

    case "jpg":
        // code for importing images.
        break;

    default:
        throw new UnknownFileTypeException("For file: " + path);
}
```

Essa abordagem teria resolvido o problema em questão, mas seria difícil de estender. Toda vez que você quiser incluir outro tipo de arquivo a ser processado, precisará implementar outra entrada na declaração `switch`. Ao longo do tempo, esse método se tornaria irremediavelmente longo e difícil de ler.

Se você mantiver sua classe principal simples e bonita, e dividir as diferentes classes de implementação para importar diferentes tipos de documentos, então ficará fácil localizar e entender cada importador isoladamente. A fim de suportar diferentes tipos de documento, define-se uma interface `Importer`. Cada `Importer` será uma classe que pode importar diferentes tipos de arquivo.

Agora que sabemos que precisamos de uma interface para importar os arquivos, como devemos representar o arquivo que será importado? Temos algumas opiniões diferentes: usar uma `String` simples para representar o caminho do arquivo ou uma classe que represente um arquivo, como `java.io.File`.

Você poderia alegar que deveríamos aplicar o princípio da tipagem forte aqui: pegue um tipo que representa o arquivo e reduza o escopo para erros versus usar uma `String`. Vamos adotar essa abordagem e usar um objeto `java.io.File` como parâmetro em nossa interface `Importer` para representar o arquivo a ser importado, como no Exemplo 4-2.

Exemplo 4-2. Importador

```
interface Importer {
    Document importFile(File file) throws IOException;
}
```

Você pode estar se perguntando: *Por que não usar também File para a API pública de DocumentManagementSystem?* Bem, no caso dessa aplicação, nossa API pública provavelmente ficaria em algum tipo de interface do usuário, e não temos certeza sobre como ela está recebendo os arquivos. Por isso, mantivemos as coisas simples e usamos apenas um tipo `String`.

A Classe Document

Agora definiremos a classe Document. Cada documento terá múltiplos atributos que podemos pesquisar. Documentos diferentes têm tipos diferentes de atributos. Temos diversas opções cujos prós e contras podemos considerar ao definir Document.

A primeira e mais simples forma de representar um documento seria usar Map<String, String>, que é um mapa de nomes de atributos para valores associados a esses atributos. Então, por que não passar simplesmente um Map<String, String> pela aplicação? Bem, introduzir uma classe de domínio para modelar um único documento não é como beber da fonte POO, mas também oferece uma série de melhorias práticas na manteneabilidade e na legibilidade da aplicação.

Para começar, o valor de dar nomes concretos a componentes dentro de uma aplicação não pode ser superestimado. Comunicação é tudo! Boas equipes de desenvolvedores de softwares usam uma *Linguagem Ubíqua* para descrever seu software. Adequar o vocabulário usado no código de sua aplicação ao vocabulário usado para falar com clientes, como a Dra. Avaj, facilita muito a manutenção das coisas. Ao conversar com um colega ou cliente você precisa invariavelmente concordar com determinada linguagem comum com a qual descrever os aspectos do software. Ao mapear isso para o próprio código, fica muito fácil saber qual parte dele alterar. Isso se chama *detectabilidade*.

 O termo *Linguagem Ubíqua* foi criado por Eric Evans e se origina do *Design Orientado a Domínio*. Refere-se ao uso de uma linguagem comum que é claramente planejada e compartilhada entre desenvolvedores e usuários.

Outro princípio que deveria encorajá-lo a introduzir uma classe para modelar um documento é a tipagem forte. Muitas pessoas usam esse termo para se referir à natureza de uma linguagem de programação, mas aqui estamos falando do uso mais prático da tipagem forte na implementação de seu software. Os tipos nos permitem restringir o modo como os dados são usados. Por exemplo, nossa classe Document é imutável: uma vez criada você não pode alterar, ou *mudar*, quaisquer de seus atributos. Nossas implementações Importer criam os documentos; nada mais pode alterá-los. Se você vir um Document com um erro em um de seus atributos, poderá refinar a fonte do bug até o Importer específico que criou o Document. Pode também deduzir a partir da imutabilidade que é possível indexar ou armazenar em cache qualquer informação associada a Document e você sabe que estará sempre correta, já que os documentos são imutáveis.

Outra escolha de design que os desenvolvedores podem considerar ao modelar seu Document seria fazer o Document ampliar HashMap<String, String>. A princípio isso parece ótimo porque o HashMap tem toda a funcionalidade necessária para modelar um Document. Porém, há diversas razões para que seja uma má escolha.

O design do software costuma ter tanto a ver com a restrição de funcionalidades indesejadas quanto com a construção de coisas que você deseja. Teríamos descartado instantaneamente os referidos benefícios de imutabilidade ao permitir que qualquer coisa na aplicação modificasse a classe `Document` caso houvesse apenas uma subclasse de `HashMap`. Envolver a coleção também nos dá uma oportunidade de conceder nomes mais significativos aos métodos, em vez de, por exemplo, pesquisar um atributo chamando o método `get()` que, na verdade, não significa nada! Posteriormente detalharemos mais a herança versus composição, pois este é um exemplo específico dessa discussão.

Resumindo, as classes de domínio nos permitem nomear um conceito e restringir os possíveis comportamentos e valores desse conceito a fim de melhorar a capacidade de descoberta e reduzir o escopo para bugs. Por isso, escolhemos modelar `Document` como mostrado no Exemplo 4-3. Se você está imaginando por que não é `public` como a maioria das interfaces, isso é discutido posteriormente na seção "Opções de Escopo e Encapsulamentos".

Exemplo 4-3. Document

```java
public class Document {
    private final Map<String, String> attributes;

    Document(final Map<String, String> attributes) {
        this.attributes = attributes;
    }

    public String getAttribute(final String attributeName) {
        return attributes.get(attributeName);
    }
}
```

Uma última coisa a observar sobre `Document` é que ele tem um construtor com escopo em pacotes. As classes Java costumam tornar seu construtor `public`, mas isso pode ser uma escolha ruim por permitir que códigos em qualquer lugar em seu projeto criem objetos daquele tipo. Apenas os códigos no Sistema de Gerenciamento de Documentos devem ser capazes de criar `Documents`, então mantemos o pacote construtor com escopo e acesso restrito apenas ao pacote onde o Sistema de Gerenciamento de Documentos reside.

Atributos e Documentos Hierárquicos

Em nossa classe `Document` usamos `Strings` para os atributos. Isso não viola o princípio de tipagem forte? A resposta é sim e não. Estamos armazenando atributos como texto para que possam ser buscados em uma pesquisa baseada em texto. Não apenas isso, mas queremos garantir que todos os atributos sejam criados de forma bem genérica que seja independente do `Importer` que os criou. `Strings` não são uma opção ruim nesse contexto. Deve-se observar que passar `Strings` por uma aplicação a fim de representar informações costuma ser considerado uma má ideia. Em contrapartida, com algo fortemente tipado, isso é chamado de stringly typed!

Em especial, se fosse feito um uso mais complicado dos valores de atributo, ter diferentes tipos de atributo analisados seria útil. Por exemplo, se quiséssemos encontrar endereços dentro de determinada distância ou imagens com altura e largura menores que certo tamanho, então ter atributos fortemente tipados seria benéfico. Seria muito mais fácil fazer comparações com um valor de largura que fosse inteiro. No caso do Sistema de Gerenciamento de Documentos, simplesmente não precisamos dessa funcionalidade.

Você poderia projetar o Sistema de Gerenciamento de Documentos com uma hierarquia de classes para `Documents` que modele a hierarquia de `Importer`. Por exemplo, um `ReportImporter` importa instâncias da classe `Report` que estende a classe `Document`. Isso passa em nossa verificação básica de integridade para a criação de subclasses. Em outras palavras, permite dizer que um `Report` é um `Document` e faz sentido como uma sentença. Escolhemos não seguir esse caminho, já que o jeito certo de modelar classes em uma configuração POO é pensar em termos de comportamento e dados.

Os documentos são todos modelados de forma muito genérica em termos de atributos nomeados, em vez de campos específicos que existem dentro de subclasses diferentes. Além disso, até onde interessa a esse sistema, os documentos têm pouco comportamento associado a eles. Simplesmente não faz sentido incluir uma hierarquia de classes aqui, sendo que não oferece benefícios. Você pode pensar que essa declaração por si só é um tanto arbitrária, mas nos informa outro princípio: KISS.

Você aprendeu sobre o princípio KISS no Capítulo 2. KISS significa que os designs serão melhores se forem simples. Costuma ser muito difícil evitar uma complexidade desnecessária, mas vale a pena esforçar-se neste sentido. Sempre que alguém diz, "podemos precisar de X" ou "seria legal se fizéssemos Y", apenas diga "Não". Designs inchados e complexos são repletos de boas intenções, quanto à extensão e ao código, que são boas de ter, mas não são imprescindíveis.

Implementando e Registrando Importadores

Você pode implementar a interface `Importer` para procurar diferentes tipos de arquivos. O Exemplo 4-4 mostra como as imagens são importadas. Uma das melhores coisas da biblioteca central do Java é que ela oferece muitas funcionalidades predefinidas. Aqui lemos um arquivo de imagem usando o método `ImageIO.read`, então extraímos a largura e a altura da imagem a partir do objeto `BufferedImage` resultante.

Exemplo 4-4. ImageImporter

```
import static com.iteratrlearning.shu_book.chapter_04.Attributes.*;

class ImageImporter implements Importer {
    @Override
    public Document importFile(final File file) throws IOException {
        final Map<String, String> attributes = new HashMap<>();
```

```java
        attributes.put(PATH, file.getPath());

        final BufferedImage image = ImageIO.read(file);
        attributes.put(WIDTH, String.valueOf(image.getWidth()));
        attributes.put(HEIGHT, String.valueOf(image.getHeight()));
        attributes.put(TYPE, "IMAGE");

        return new Document(attributes);
    }
}
```

Os nomes de atributos são constantes definidas na classe `Attributes`, o que evita bugs onde diferentes importadores acabam usando diferentes strings para o mesmo nome de atributo; por exemplo, "Path" versus "path". O próprio Java não tem um conceito direto de uma constante assim; o Exemplo 4-5 mostra a expressão comumente usada. Essa constante é `public` porque queremos usá-la a partir de diferentes importadores, apesar de ser plausível ter uma constante com escopo `private` ou `package`. O uso da palavra-chave `final` garante que ela não possa ser reatribuída, e `static` garante que haja apenas um exemplo por classe.

Exemplo 4-5. Como definir uma constante em Java

```java
public static final String PATH = "path";
```

Há importadores para todos os três tipos diferentes de arquivos e você verá os outros dois implementados em "Estendendo e Reutilizando Códigos" mais adiante. Não se preocupe, não estamos escondendo nada na manga. A fim de poder usar as classes `Importer` ao importar arquivos, precisamos também registrar os importadores para pesquisá-los. Usamos a extensão do arquivo que queremos importar como a chave de `Map`, como mostrado no Exemplo 4-6.

Exemplo 4-6. Registrando os importadores

```java
    private final Map<String, Importer> extensionToImporter = new HashMap<>();

    public DocumentManagementSystem() {
        extensionToImporter.put("letter", new LetterImporter());
        extensionToImporter.put("report", new ReportImporter());
        extensionToImporter.put("jpg", new ImageImporter());
    }
```

Agora que você aprendeu a importar documentos, podemos implementar a pesquisa. Não focaremos a forma mais eficiente de implementar a pesquisa de documentos aqui já que não estamos tentando implementar um Google, apenas obter as informações que a Dra. Avaj precisa. Uma conversa revelou que ela queria pesquisar informações sobre diferentes atributos de um `Document`.

Seus requisitos podem ser atendidos apenas pela capacidade de encontrar subsequências nos valores de atributo. Por exemplo, ela pode querer pesquisar documentos que tenham um paciente chamado Joe e com *Diet Coke* no corpo. Desenvolvemos então uma

68 | **CAPÍTULO 4: Sistema de Gerenciamento de Documentos**

linguagem de consulta muito simples que consiste em uma série de nomes de atributos e pares de substrings separados por vírgulas. Nossa referida consulta seria escrita como `"patient:Joe,body:DietCoke"`.

Como a implementação da busca se mantém simples, em vez de tentar ser altamente otimizada, ela faz apenas uma varredura linear em todos os documentos registrados no sistema e testa cada um na consulta. A consulta `String` passada ao método `search` é analisada em um objeto `Query` que pode então ser testado em cada `Document`.

Liskov Substitution Principle (LSP)

Falamos sobre algumas decisões de design específicas relacionadas a classes; por exemplo, modelar diferentes implementações `Importer` com classes e por que não introduzimos uma hierarquia de classes para a classe `Document` e simplesmente não fizemos `Document` estender `HashMap`. Mas na verdade há um princípio mais amplo em jogo aqui, um que nos permite generalizar os exemplos em uma abordagem que você possa usar em qualquer software. Chama-se *Liskov Substitution Principle* (LSP) e nos ajuda a entender como fazer subclasses e implementar interfaces corretamente. O LSP é responsável pelo L dos princípios SOLID aos quais temos nos referido ao longo deste livro.

O Liskov Substitution Principle costuma ser apresentado nesses mesmos termos formais, mas é na verdade um conceito muito simples. Desmistificaremos parte de sua terminologia. Se você vir *tipo* neste contexto, pense apenas em classe ou interface. O termo *subtipo* significa estabelecer um relacionamento de pai para filho entre os tipos, em outras palavras, estender uma classe ou implementar uma interface. Então, informalmente, você pode pensar que significa que as classes-filhas devem manter o comportamento que herdam de suas mães. Sim, sabemos que parece óbvio, mas podemos ser mais específicos e separar o LSP em quatro partes diferentes:

LSP

Se $q(x)$ é uma propriedade provável sobre os objetos x do tipo T. Então, $q(y)$ deve ser verdadeiro para os objetos y do tipo S, onde S é um subtipo de T.

Pré-condições não podem ser reforçadas em um subtipo

> Uma pré-condição estabelece as condições sob as quais alguns códigos funcionarão. Você não pode simplesmente presumir que o que escreveu funcionará de qualquer jeito, de qualquer forma, em qualquer lugar. Por exemplo, todas as nossas implementações `Importer` têm a pré-condição de que o arquivo a ser importado existe e é legível. Sendo assim, o método `importFile` tem um código de validação antes que qualquer `Importer` seja chamado, como pode ser visto no Exemplo 4-7.

Exemplo 4-7. Definição de importFile

```java
public void importFile(final String path) throws IOException {
    final File file = new File(path);
    if (!file.exists()) {
        throw new FileNotFoundException(path);
    }

    final int separatorIndex = path.lastIndexOf('.');
    if (separatorIndex != -1) {
        if (separatorIndex == path.length()) {
            throw new UnknownFileTypeException("No extension found For
file: " + path);
        }
        final String extension = path.substring(separatorIndex + 1);
        final Importer importer = extensionToImporter.get(extension);
        if (importer == null) {
            throw new UnknownFileTypeException("For file: " + path);
        }

        final Document document = importer.importFile(file);
        documents.add(document);
    } else {
        throw new UnknownFileTypeException("No extension found For
file: " + path);
    }
}
```

LSP significa que você não pode exigir nenhuma pré-condição restritiva além do que o pai exigiu. Por exemplo, você não pode exigir que seu documento seja menor que 100KB se o pai conseguiu importar qualquer tamanho de documento.

Pós-condições não podem ser enfraquecidas em um subtipo

Pode soar um tanto confuso porque se parece muito com a primeira regra. Pós-condições são coisas que precisam ser verdadeiras depois que parte do código é executada. Por exemplo, depois que `importFile()` é executado, se o arquivo em questão for válido, ele deve estar na lista de documentos retornada por `contents()`. Se o pai tiver algum efeito colateral ou retornar algum valor, então o filho deverá fazer o mesmo.

Invariantes do supertipo devem ser preservadas em um subtipo

Invariante é algo que nunca muda, como o fluxo das marés. No contexto da herança, queremos nos certificar de que quaisquer invariantes que devem ser mantidas pela classe-mãe devem também ser mantidas pelas filhas.

70 | **CAPÍTULO 4: Sistema de Gerenciamento de Documentos**

A Regra do Histórico

Este é o aspecto mais difícil de entender no LSP. Basicamente, a classe-filha não deve permitir mudanças de estado que sua mãe não permitiria. Então, em nosso programa de exemplo, temos uma classe `Document` imutável. Em outras palavras, uma vez que tenha sido instanciada, você não pode remover, adicionar ou alterar qualquer atributo. Você não deve fazer subclasses dessa classe `Document` e criar uma classe `Document` mutável, porque qualquer usuário da classe-mãe esperaria determinado comportamento em resposta aos métodos de chamada na classe `Document`. Se a filha fosse mutável, poderia violar as expectativas do chamador acerca do que faz a chamada de tais métodos.

Abordagens Alternativas

Você poderia ter adotado uma abordagem completamente diferente no que tange o design do Sistema de Gerenciamento de Documentos. Veremos algumas dessas alternativas agora, pois cremos serem instrutivas. Nenhuma das opções poderia ser considerada errada, mas acreditamos que a abordagem escolhida seja melhor.

Tornando Importer uma Classe

Você poderia ter optado por fazer uma hierarquia de classes para importadores e ter uma classe no topo para o `Importer,` em vez de uma interface. Interfaces e classes oferecem um conjunto diferente de recursos. Você pode implementar múltiplas interfaces, enquanto as classes podem conter instâncias de campos e é mais comum ter corpos de método em classes.

Nesse caso, o motivo para ter uma hierarquia é permitir o uso de diferentes importadores. Você já ouviu falar sobre nossa motivação para evitar relacionamentos frágeis de herança baseada em classes, então deve estar bastante claro que usar interfaces é a melhor opção aqui.

Isso não quer dizer que as classes não seriam uma melhor opção em outro lugar. Se quiser modelar um relacionamento *is a* forte em seu domínio de problema que envolva estado ou muito comportamento, então a herança baseada em classes será mais adequada. Só não é a opção que acreditamos ser a mais adequada aqui.

Opções de Escopo e Encapsulamento

Se você dedicou tempo a examinar o código pode notar que a interface `Importer`, suas implementações e nossa classe `Query` são todas inseridas no escopo do pacote. O escopo do pacote é o padrão, então, se você vir um arquivo de classe com `class Query` no topo, saberá que está no escopo do pacote e, se informar `public class Query`, o escopo é público. Escopo do pacote significa que as outras classes dentro do mesmo pacote podem *ver* ou *ter acesso* à classe, mas nenhuma outra pode fazê-lo. É um dispositivo de ocultação.

Uma coisa estranha sobre o ecossistema Java é que apesar de o escopo do pacote ser o padrão, quando nos envolvemos em projetos de desenvolvimento de software, sempre há mais classes `public`-scoped do que classes no escopo do pacote. Talvez o padrão devesse ser `public` desde o início, mas de qualquer forma o escopo do pacote é uma ferramenta muito útil. Ajuda a encapsular esses tipos de decisões de design. Boa parte desta seção foi comentada acerca das diferentes opções disponíveis para você ao fazer o design do sistema e você pode querer refatorar para um destes designs alternativos ao fazer manutenção do sistema. Isso seria mais difícil se vazássemos detalhes sobre sua implementação para fora do pacote em questão. Com o uso diligente do escopo do pacote você pode impedir que as classes fora do pacote façam tantas suposições sobre o design interno.

Também vale a pena reiterar que isso é simplesmente uma justificativa e uma explicação dessas opções de design. Não há nada intrinsecamente errado em fazer outras escolhas listadas nesta seção; elas podem acabar sendo mais adequadas conforme o modo como a aplicação evolui ao longo do tempo.

Estendendo e Reutilizando Códigos

Quando se trata de software, a única constante é a mudança. Ao longo do tempo, você pode querer incluir recursos em seu produto, os requisitos do cliente podem mudar e as regulamentações podem forçá-lo a alterar seu software. Como mencionamos antes, pode haver mais documentos que a Dra. Avaj gostaria de incluir em nosso Sistema de Gerenciamento de Documentos. Na verdade, quando apresentamos a ela pela primeira vez o software que escrevemos, ela percebeu imediatamente que também queria acompanhar a emissão de faturas de seus clientes no sistema. Uma fatura é um documento com um corpo, uma quantia e possui uma extensão *.invoice*. O Exemplo 4-8 mostra uma fatura.

Exemplo 4-8. Exemplo de Fatura

```
Caro Joe Bloggs

Aqui está sua fatura do tratamento dental realizado.

Quantia: $100

Atenciosamente,

  Dra. Avaj
  Dentista maravilhosa
```

Felizmente para nós, todas as faturas da Dra. Dr. Avaj estão no mesmo formato. Como você pode ver, precisamos extrair uma quantia de dinheiro e a linha de quantia começa com o prefixo Quantia:. O nome da pessoa está no início da carta em uma linha com o prefixo Caro. Na verdade, nosso sistema implementa um método geral para encontrar o sufixo de uma linha com determinado prefixo, mostrado no Exemplo 4-9. Neste exemplo, o campo lines já foi inicializado com as linhas do arquivo que estamos importando. Passamos para esse método um prefix — por exemplo, "Quantia:" — e ele associa o restante da linha, o sufixo, ao nome de atributo fornecido.

Exemplo 4-9. Definição de addLineSuffix

```java
void addLineSuffix(final String prefix, final String attributeName) {
    for(final String line: lines) {
        if (line.startsWith(prefix)) {
            attributes.put(attributeName, line.substring(prefix.length()));
            break;
        }
    }
}
```

Na verdade, temos um conceito semelhante ao tentar importar uma carta. Considere a carta de exemplo apresentada no Exemplo 4-10. Aqui você pode extrair o nome do paciente buscando uma linha começada com Caro. As cartas também têm endereços e corpos de texto que você quer extrair dos conteúdos do arquivo de texto.

Exemplo 4-10. Exemplo de carta

```
Caro Joe Bloggs

123 Fake Street
Westminster
London
United Kingdom

Estamos escrevendo para confirmar o reagendamento de sua consulta
com a Dra. Avaj de 29 de dezembro de 2016 para 5 de janeiro de 2017.

Atenc.,

  Dra. Avaj
  Dentista maravilhosa
```

Temos também um problema parecido quando se trata de importar fichas de pacientes. As fichas da Dra. Avaj prefixam o nome com Paciente: e têm um corpo de texto a ser incluído, igual às cartas. Você pode ver uma ficha no Exemplo 4-11.

Estendendo e Reutilizando Códigos | 73

Exemplo 4-11. Exemplo de ficha

```
Paciente: Joe Bloggs

Em 5 de janeiro de 2017 examinei os dentes de Joe.
Conversamos sobre ele trocar de Coca para Coca Diet.
Nenhum problema novo foi detectado em seus dentes.
```

Então, uma opção aqui seria ter todos os três importadores baseados em texto implementados no mesmo método para encontrar os sufixos das linhas de texto com determinado prefixo que foi listado no Exemplo 4-9. Se estivéssemos cobrando a Dra. Avaj com base no número de linhas do código escrito, esta seria uma ótima estratégia. Poderíamos triplicar o dinheiro que ganharíamos basicamente pelo mesmo trabalho!

Infelizmente (ou talvez não tão infelizmente assim, dados os incentivos mencionados), os clientes raramente pagam com base no número de linhas de código produzido. O que importa são os requisitos que o cliente quer, então queremos muito poder reutilizar esse código em todos os três importadores. A fim de reutilizar o código, precisamos que ele resida em alguma classe. Você tem basicamente três opções a considerar, cada uma com prós e contras:

- Usar uma classe *utilitária*;
- Usar a *herança*;
- Usar uma classe de domínio.

A opção mais simples para começar é criar uma classe utilitária. Você poderia chamá-la de ImportUtil. Então, toda vez que quisesse ter um método que precisa ser compartilhado entre diferentes importadores, ele poderia ser inserido nessa classe utilitária, que acabaria sendo um saco de métodos estatísticos.

Embora uma classe utilitária seja boa e simples, ela não é exatamente o ápice da programação orientada a objetos. O estilo orientado a objetos envolve fazer com que os conceitos em sua aplicação sejam modelados por classes. Se deseja criar algo, você chama newThing() para o que for essa nova coisa. Atributos e comportamentos associados à coisa devem ser métodos na classe Thing.

Se você seguir esse princípio de modelagem de objetos reais como classes, ele realmente facilitará o entendimento de sua aplicação, pois fornece uma estrutura e mapeia um modelo mental de seu domínio para seu código. Quer alterar o modo como as cartas são importadas? Bem, então edite a classe LetterImporter.

As classes utilitárias violam essa expectativa e geralmente acabam tornando-se conjuntos de códigos procedurais sem uma única responsabilidade ou conceito. Ao longo do tempo, isso pode geralmente levar ao aparecimento de uma Classe Deus em nossa base de código, ou seja, uma grande classe que acaba monopolizando muita responsabilidade.

Então o que você deveria fazer se quisesse associar esse comportamento a um conceito? Bem, a próxima abordagem mais óbvia pode ser o uso de herança. Nessa abordagem você teria diferentes importadores estendendo uma classe `TextImporter`, e então poderia colocar todas as funcionalidades comuns nessa classe e reutilizá-la em subclasses.

A herança é uma excelente opção em muitas circunstâncias. Você já viu o Liskov Substitution Principle e como ele coloca restrições na exatidão de nossa relação de herança. Na prática, a herança costuma ser uma opção ruim quando é incapaz de modelar um relacionamento.

Nesse caso, `TextImporter` é um `Importer` e podemos garantir que nossas classes seguem as regras LSP, mas não se parece muito com um conceito concreto com o qual trabalhar. O problema com os relacionamentos de herança que não correspondem a relacionamentos reais é que eles tendem a ser frágeis. Conforme sua aplicação evolui com o tempo, você deseja abstrações que evoluam com a aplicação, não que a atrapalhem. Esta é a regra de ouro: É uma péssima ideia introduzir um relacionamento de herança só para permitir a reutilização do código.

Nossa escolha final é modelar o arquivo de texto utilizando uma classe de domínio. Para usar essa abordagem, modelaríamos um conceito subjacente e construiríamos diferentes importadores chamando métodos acima do conceito subjacente. Então qual é o conceito em questão aqui? Bem, o que estamos de fato tentando fazer é manipular os conteúdos de um arquivo de texto, então chamaremos a classe de `TextFile`. Não é original nem criativo, mas isso não vem ao caso. Você sabe onde fica a funcionalidade para manipular os arquivos de texto, porque a classe é nomeada de forma muito simples.

O Exemplo 4-12 mostra a definição da classe e seus campos. Note que não é uma subclasse de um `Document` porque um documento não deve ser atrelado apenas a arquivos de texto; podemos importar também arquivos binários como imagens. É apenas uma classe que modela o conceito subjacente de um arquivo de texto e possui métodos associados para extrair dados dos arquivos de texto.

Exemplo 4-12. Definição de TextFile

```java
class TextFile {
    private final Map<String, String> attributes;
    private final List<String> lines;

    // class continues ...
```

É a abordagem que adotamos no caso dos importadores. Cremos que isso nos permite modelar o domínio do problema de forma flexível. Ele não nos associa a uma hierarquia de herança frágil, mas ainda assim nos permite reutilizar o código. O Exemplo 4-13 mostra como importar faturas. Os sufixos para o nome e a quantia foram adicionados, bem como a configuração do tipo de fatura para ser uma quantia.

Exemplo 4-13. Importando faturas

```java
@Override
public Document importFile(final File file) throws IOException {
    final TextFile textFile = new TextFile(file);

    textFile.addLineSuffix(NAME_PREFIX, PATIENT);
    textFile.addLineSuffix(AMOUNT_PREFIX, AMOUNT);

    final Map<String, String> attributes = textFile.getAttributes();
    attributes.put(TYPE, "INVOICE");
    return new Document(attributes);
}
```

Você pode ver também outro exemplo de um importador que usa a classe `TextFile` no Exemplo 4-14. Não é necessário preocupar-se com a forma de implementação de `TextFile.addLines`; como você pode ver na explicação do Exemplo 4-15.

Exemplo 4-14. Importando cartas

```java
@Override
public Document importFile(final File file) throws IOException {
    final TextFile textFile = new TextFile(file);

    textFile.addLineSuffix(NAME_PREFIX, PATIENT);

    final int lineNumber = textFile.addLines(2, String::isEmpty, ADDRESS);
    textFile.addLines(lineNumber + 1, (line) -> line.startsWith("regards,"),
BODY);

    final Map<String, String> attributes = textFile.getAttributes();
    attributes.put(TYPE, "LETTER");
    return new Document(attributes);
}
```

Porém, essas classes não foram escritas assim a princípio. Elas evoluíram até seu estado atual. Quando começamos a escrever o código do Sistema de Gerenciamento de Documentos, o primeiro importador baseado em texto, `LetterImporter`, tinha toda sua lógica de extração de texto escrita em linha na classe. É um bom começo. Tentar procurar códigos a reutilizar costuma resultar em abstrações inadequadas. Ande antes de correr.

Quando começamos a escrever `ReportImporter` tornou-se cada vez mais aparente que boa parte da lógica de extração de texto poderia ser compartilhada entre os dois importadores, e que eles deveriam realmente ser escritos em termos de invocação de métodos com base em algum conceito de domínio comum que apresentamos aqui — o `TextFile`. Na verdade, até copiamos e colamos o código que deveria ser compartilhado entre as duas classes.

Isso não significa que copiar e colar códigos seja bom, longe disso. Mas costuma ser melhor duplicar um pouco do código ao começar a escrever algumas classes. Depois de ter implementado mais da aplicação, a abstração certa, por ex., uma classe TextFile, se tornará aparente. Apenas quando souber um pouco mais sobre o jeito certo de remover a duplicação é que você deve aventurar-se em fazer isso.

No Exemplo 4-15 você pode ver como o método TextFile.addLines foi implementado. É um código comum usado por diferentes implementações de Importer. Seu primeiro argumento é um indexador start, que informa em qual número de linha começar. Então há um predicado isEnd que é aplicado à linha e retorna true se chegamos ao final da linha. Por fim, temos o nome do atributo que associaremos a esse valor.

Exemplo 4-15. Definição de addLines

```java
int addLines(
    final int start,
    final Predicate<String> isEnd,
    final String attributeName) {

    final StringBuilder accumulator = new StringBuilder();
    int lineNumber;
    for (lineNumber = start; lineNumber < lines.size(); lineNumber++) {
        final String line = lines.get(lineNumber);
        if (isEnd.test(line)) {
            break;
        }

        accumulator.append(line);
        accumulator.append("\n");
    }
    attributes.put(attributeName, accumulator.toString().trim());
    return lineNumber;
}
```

Limpeza do Teste

Como aprendeu no Capítulo 2, escrever testes automatizados traz muitos benefícios em termos e manteneabilidade do software. Isso nos permite reduzir o escopo para regressões e entender qual alocação as causou, assim como nos permite refatorar nosso código com confiança. Mas os testes não são uma solução milagrosa. Eles exigem que escrevamos e mantenhamos boa parte do código para ter esses benefícios. Como você sabe, escrever e manter um código são propostas difíceis, e muitos desenvolvedores acham isso quando começam a escrever testes automatizados que podem tomar muito o tempo.

A fim de resolver o problema da manteneabilidade do teste você precisa entender a *limpeza do teste*. Isso significa manter seu código de teste limpo e garantir que seja mantido e melhorado na base de código sob teste. Se você não mantiver e tratar seus testes, com o tempo eles se tornarão um fardo em sua produtividade de desenvolvedor. Nesta seção, você aprenderá sobre alguns pontos-chave que podem ajudá-lo a manter os testes limpos.

Nomenclatura do Teste

A primeira coisa a se pensar sobre testes é seu nome. Os desenvolvedores podem ter muitas opções de nomes — é um assunto fácil de se falar muito porque todos se identificam e pensam sobre o problema. Acreditamos que se deve ter em mente que raramente há um nome claro e muito bom para algo, mas existem muitos, muitos nomes ruins.

O primeiro teste que escrevemos para o Sistema de Gerenciamento de Documentos testava a importação de um arquivo e a criação de um `Document`. Foi escrito antes de termos introduzido o conceito de um `Importer` e não testava os atributos específicos de `Document`. O código está no Exemplo 4-16.

Exemplo 4-16. Teste para a importação de arquivos

```java
@Test
public void shouldImportFile() throws Exception
{
    system.importFile(LETTER);

    final Document document = onlyDocument();

    assertAttributeEquals(document, Attributes.PATH, LETTER);
}
```

Esse teste foi nomeado como `shouldImportFile`. Os principais princípios norteadores quanto se trata de nomear são a legibilidade, a manteneabilidade e a atuação como *documentação executável*. Quando você vê um relatório de uma classe de teste sendo executada, os nomes devem atuar como declarações que documentam qual funcionalidade dá certo e qual não. Isso permite que um desenvolvedor mapeie facilmente desde o comportamento de uma aplicação até um teste que avalie que esse comportamento está implementado. Reduzindo a disparidade de impedância entre comportamento e código, facilitamos que outros desenvolvedores entendam o que acontecerá no futuro. É um teste que confirma que o sistema de gerenciamento de documentos importa um arquivo.

Porém há muitos antipadrões de nomenclatura, cujo pior é nomear um teste de forma totalmente não descritiva — por exemplo, `test1`. O que raios o `test1` testa? A paciência do leitor? Trate as pessoas que estão lendo seu código como gostaria de ser tratado.

Outro antipadrão comum para nomear o teste é simplesmente nomeá-lo com um conceito ou substantivo, por exemplo, `file` ou `document`. Os nomes do teste devem descrever o comportamento que está sendo testado, não um conceito. Outro antipadrão de nomenclatura de teste é simplesmente nomear com base em um método que é chamado durante o teste, em vez de o comportamento. Nesse caso, o teste pode ser nomeado como `importFile`.

Você pode perguntar: Ao nomear nosso teste como `shouldImportFile` não cometemos esse mesmo pecado? Há algum mérito na acusação, mas aqui estamos apenas descrevendo o comportamento sob teste. Na verdade, o método `importFile` é testado em diversos testes; por exemplo, `shouldImportLetterAttributes`, `shouldImportReport Attributes` e `shouldImportImageAttributes`. Nenhum deles chama-se `importFile`; estão todos descrevendo comportamentos mais específicos.

Tudo bem, agora que você sabe como é uma nomenclatura ruim, o que é uma boa nomenclatura? Você deve seguir três regras de ouro e usá-las para nomear os testes:

Usar terminologia de domínio

Alinhe o vocabulário usado em seus nomes de teste com aquele usado ao descrever o domínio do problema ou utilizado pela própria aplicação.

Usar linguagem natural

Todo nome de teste deve ser algo que você possa ler facilmente como uma frase. Deve sempre descrever algum comportamento de forma legível.

Ser descritivo

O código será lido com muito mais frequência do que será escrito. Não economize tempo ao pensar em um bom nome que seja claramente descritivo e mais fácil de entender no futuro. Se não conseguir pensar em um bom nome, por que não perguntar a um colega? No golfe, você ganha usando menos tacadas. A programação não é assim; mais curto nem sempre é melhor.

Você pode seguir a convenção usada em `DocumentManagementSystemTest` de prefixar os nomes de teste com a palavra "should" ou optar por não fazê-lo; é meramente uma questão de preferência pessoal.

Comportamento, Não Implementação

Se estiver escrevendo um teste para uma classe, um componente ou até mesmo um sistema, então você deve apenas testar o *comportamento público* daquilo sendo testado. No caso do Sistema de Gerenciamento de Documentos, testamos apenas o comportamento de nossa API pública na forma de `DocumentManagementSystemTest`. Nesse teste, verificamos a API pública da classe `DocumentManagementSystem` e, assim, todo o sistema. A API pode ser vista no Exemplo 4-17.

Exemplo 4-17. API pública da classe DocumentManagementSystem

```java
public class DocumentManagementSystem
{
    public void importFile(final String path) {
        ...
    }

    public List<Document> contents() {
        ...
    }

    public List<Document> search(final String query) {
        ...
    }
}
```

Nossos testes devem chamar apenas esses métodos de API pública e não tentar inspecionar o estado interno dos objetos ou do design. É um dos principais erros cometidos por desenvolvedores que geram testes difíceis de manter. Depender de detalhes da implementação específicos resulta em testes frágeis porque, se você alterar o detalhe da implementação em questão, o teste poderá começar a falhar, mesmo que o comportamento ainda esteja funcionando. Observe o teste no Exemplo 4-18.

Exemplo 4-18. Teste da importação de cartas

```java
    @Test
    public void shouldImportLetterAttributes() throws Exception
    {
        system.importFile(LETTER);

        final Document document = onlyDocument();

        assertAttributeEquals(document, PATIENT, JOE_BLOGGS);
        assertAttributeEquals(document, ADDRESS,
            "123 Fake Street\n" +
                "Westminster\n" +
                "London\n" +
                "United Kingdom");
        assertAttributeEquals(document, BODY,
                "We are writing to you to confirm the re-scheduling of your appointment
\n" +
                "with Dr. Avaj from 29th December 2016 to 5th January 2017.");
        assertTypeIs("LETTER", document);
    }
```

Uma forma de testar essa funcionalidade de importar cartas teria sido escrever o teste como um teste unitário na classe `LetterImporter`. Isto seria bastante semelhante: importar um arquivo de exemplo e fazer uma avaliação acerca do resultado retornado pelo importador. Em nossos testes, porém, a mera existência de `LetterImporter` é um detalhe da implementação. Na seção "Estendendo e Reutilizando Códigos" anteriormente, você viu diversas opções alternativas para preparar nosso código importador. Preparando nossos testes dessa maneira, temos a opção de refatorar nossos procedimentos internos em um design diferente sem interromper nossos testes.

Como dissemos, confiar no comportamento de uma classe depende do uso de uma API pública, mas há também outras partes do comportamento que não costumam ser restritas simplesmente por tornar os métodos públicos ou privados. Por exemplo, podemos não querer confiar na ordem dos documentos sendo retornados do método contents(). Essa não é uma propriedade restrita pela API pública da classe DocumentManagementSystem, mas algo que você precisa ter o cuidado de evitar fazer.

Um antipadrão comum nessa questão é expor um estado que deveria ser privado através de getter ou setter a fim de facilitar a testagem. Você deve evitar fazer isso sempre que possível, pois fragiliza seus testes. Se você expôs esse estado para facilitar superficialmente a testagem, acabou dificultando a manutenção de sua aplicação no longo prazo. É porque qualquer mudança em sua base de código que envolve alterar como o estado interno é representado agora também exige a alteração dos testes. Às vezes, é um bom indicativo de que você precisa refatorar uma nova classe que possa ser testada de forma mais fácil e eficiente.

Não Se Repita

"Estendendo e Reutilizando Códigos" anteriormente discute longamente como podemos remover os códigos duplicados de nossa aplicação e onde colocar o código resultante. Exatamente o mesmo raciocínio usado na manutenção aplica-se ao código de teste. Infelizmente, os desenvolvedores não costumam se dar ao trabalho de remover as duplicações dos testes da mesma forma como fariam no código da aplicação. Se você observar o Exemplo 4-19, verá um teste que avalia repetidamente os diferentes atributos que um Document possui.

Exemplo 4-19. Teste da importação de imagens

```java
@Test
public void shouldImportImageAttributes() throws Exception
{
    system.importFile(XRAY);

    final Document document = onlyDocument();

    assertAttributeEquals(document, WIDTH, "320");
    assertAttributeEquals(document, HEIGHT, "179");
    assertTypeIs("IMAGE", document);
}
```

Normalmente você teria que pesquisar o nome do atributo para cada um dos atributos e afirmar se é igual a um valor esperado. No caso dos testes aqui, é uma operação bem normal e o método comum, assertAttributeEquals, foi extraído com essa lógica. Sua implementação é mostrada no Exemplo 4-20.

Exemplo 4-20. Implementando uma nova afirmação

```java
private void assertAttributeEquals(
    final Document document,
    final String attributeName,
    final String expectedValue)
{
    assertEquals(
        "Document has the wrong value for " + attributeName,
        expectedValue,
        document.getAttribute(attributeName));
}
```

Bons Diagnósticos

Testes não seriam bons se não falhassem. Na verdade, se você nunca viu um teste falhar, como sabe que ele funciona? Ao escrever testes, a melhor coisa a fazer é otimizar a falha. Quando dizemos otimizar, não significa fazer o teste funcionar mais rápido ao falhar; significa que é escrito de forma que facilite ao máximo a compreensão de por que e como ele falhou. O segredo é o bom *diagnóstico*.

Diagnósticos significam a mensagem e a informação mostradas quando o teste falha. Quanto mais clara essa mensagem for acerca do que falhou, mais fácil será depurar a falha do teste. Você pode imaginar: por que se dar ao trabalho já que na maior parte do tempo os testes Java são executados a partir de IDEs modernas que possuem depuradores predefinidos? Bem, às vezes, os testes podem ser executados em ambientes de integração contínua, outras podem ser na linha de comando. Mesmo que você os esteja executando em uma IDE, ainda é útil ter uma boa informação de diagnóstico. Esperamos tê-lo convencido da necessidade de bons diagnósticos, mas como eles aparecem no código?

O Exemplo 4-21 mostra um método que avalia se o sistema contém apenas um documento. Explicaremos o método `hasSize()` logo mais.

Exemplo 4-21. Teste se o sistema contém um único documento

```java
private Document onlyDocument()
{
    final List<Document> documents = system.contents();
    assertThat(documents, hasSize(1));
    return documents.get(0);
}
```

O tipo mais simples de afirmação que a JUnit nos oferece é `assertTrue()`, que pegará um valor booliano que espera ser verdade. O Exemplo 4-22 mostra como poderíamos ter simplesmente usado `assertTrue` para implementar o teste. Nesse caso, o valor está sendo verificado como igual a `0`, de modo que falhará no teste `shouldImportFile` e, assim, demonstrará um diagnóstico de falha. O problema aqui é que não obtemos diagnósticos muito bons, apenas um `AssertionError` sem nenhuma informação na mensagem mostrada na Figura 4-1. Você não sabe o que falhou, nem quais valores estão sendo comparados. Você não sabe nada, nem que seu nome não é Jon Snow.

Exemplo 4-22. Exemplo de assertTrue

```
assertTrue(documents.size() == 0);
```

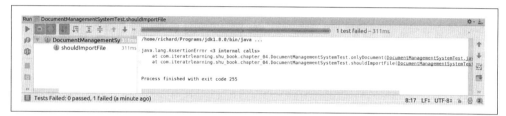

Figura 4-1. Captura de tela da falha de assertTrue

A afirmação mais comumente usada é `assertEquals`, que pega dois valores e verifica se são iguais e é sobrecarregada para suportar valores primitivos. Então aqui podemos avaliar que o tamanho da lista `documents` é 0, como mostrado no Exemplo 4-23. Isso produz um diagnóstico um pouco melhor, como mostrado na Figura 4-2, você sabe que o valor esperado era 0 e que o valor real era 1, mas ainda não lhe dá contexto suficiente.

Exemplo 4-23. Exemplo de assertEquals

```
assertEquals(0, documents.size());
```

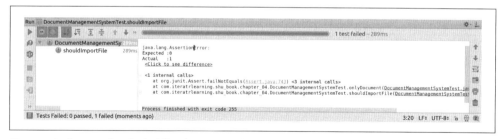

Figura 4-2. Captura de tela de falha do exemplo de assertEquals

A melhor forma de fazer uma afirmação acerca do tamanho em si é usar um *matcher* ou comparação para declarar o tamanho da coleção, pois oferece o diagnóstico mais descritivo. O Exemplo 4-24 tem nosso exemplo escrito nesse estilo e também demonstra a saída. Como mostra a Figura 4-3, é muito mais claro ao exibir o que deu errado, sem a necessidade de escrever mais códigos.

Exemplo 4-24. Exemplo de assertThat

```
assertThat(documents, hasSize(0));
```

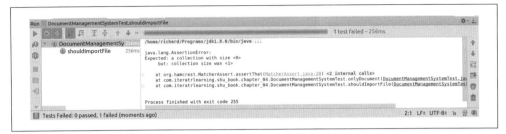

Figura 4-3. Captura de tela da falha do exemplo de assertThat

O que está acontecendo aqui é que o `assertThat()` da JUnit está sendo usado. O método `assertThat()` pega um valor como seu primeiro parâmetro e um `Matcher` como segundo. O `Matcher` encapsula o conceito para caso um valor seja igual a alguma propriedade e seu diagnóstico associado também seja. O matcher `hasSize` é importado estaticamente da classe utilitária `Matchers` que contém muitos matchers diferentes e verifica se o tamanho da coleção é igual ao seu parâmetro. Esses matchers vêm da biblioteca Hamcrest, que é uma biblioteca Java muito usada e permite uma testagem mais limpa.

Outro exemplo de como você pode construir melhores diagnósticos aparece no Exemplo 4-20. Aqui, `assertEquals` teria nos dado o diagnóstico para o valor esperado e o valor real do atributo. Não teria informado qual era o nome do atributo, então isso foi incluído na string da mensagem para nos ajudar a entender a falha.

Testando Casos de Erro

Um dos erros mais comuns, e piores, cometidos na escrita de softwares é testar apenas caminhos belos, felizes e dourados de sua aplicação — o caminho de código que é executado quando o sol brilha e nada sai errado. Na prática, muitas coisas podem dar errado! Se você não testar como sua aplicação se comporta nessas situações, não terá um software que funciona com segurança em um ambiente de produção.

Quando se trata de importar documentos para nosso Sistema de Gerenciamento de Documentos, há alguns casos de erros que podem acontecer. Podemos tentar importar um arquivo que não existe ou não pode ser lido, ou podemos tentar importar um arquivo do qual não sabemos como extrair texto ou lê-lo.

Nosso `DocumentManagementSystemTest` tem alguns testes, mostrados no Exemplo 4-25, que verificam esses dois cenários. Em ambos os casos tentamos importar um arquivo de caminho que mostrará o problema. Para fazer uma afirmação sobre o comportamento desejado, usamos o atributo `expected=` da anotação `@Test` da JUnit. Isso permite dizer *Escuta aqui, JUnit, espero que este teste gere uma exceção, de determinado tipo.*

Exemplo 4-25. Testando casos de erro

```java
@Test(expected = FileNotFoundException.class)
public void shouldNotImportMissingFile() throws Exception
{
    system.importFile("gobbledygook.txt");
}

@Test(expected = UnknownFileTypeException.class)
public void shouldNotImportUnknownFile() throws Exception
{
    system.importFile(RESOURCES + "unknown.txt");
}
```

Você pode querer um comportamento alternativo para simplesmente gerar uma exceção no caso de um erro, mas é muito útil saber como afirmar se uma exceção foi gerada.

Constantes

Constantes são valores que não mudam. Sejamos francos — são um dos poucos conceitos bem nomeados quando se trata de programação de computadores. A linguagem de programação Java não usa uma palavra-chave explícita const como o C++, mas tradicionalmente os desenvolvedores criam campos static a fim de representar as constantes. Como muitos testes são compostos por exemplos de como uma parte de seu programa de computador deve ser usado, eles costumam ser compostos por muitas constantes.

Em relação às constantes, é uma boa ideia que tenham algum significado não óbvio para lhes dar um nome adequado que possa ser usado dentro dos testes. Fazemos muito isso ao longo de DocumentManagementSystemTest e, na verdade, temos um bloco no início dedicado para declarar constantes, mostrado no Exemplo 4-26.

Exemplo 4-26. Constantes

```java
public class DocumentManagementSystemTest
{
    private static final String RESOURCES =
        "src" + File.separator + "test" + File.separator + "resources" + File.separa
tor;
    private static final String LETTER = RESOURCES + "patient.letter";
    private static final String REPORT = RESOURCES + "patient.report";
    private static final String XRAY = RESOURCES + "xray.jpg";
    private static final String INVOICE = RESOURCES + "patient.invoice";
    private static final String JOE_BLOGGS = "Joe Bloggs";
```

Conclusões

- Você aprendeu como construir um sistema de Gerenciamento de Documentos;
- Reconheceu as diferentes trocas entre diferentes abordagens de implementação;
- Entendeu diversos princípios que orientam o design do software;
- Foi apresentado ao Liskov Substitution Principle como forma de pensar a respeito de herança;
- Aprendeu sobre situações em que a herança não era adequada.

Iterando

Se quiser estender e consolidar o conhecimento desta seção, pode tentar uma destas atividades:

- Pegue a amostra de código existente e inclua uma implementação de importação de documentos de prescrição. Uma receita deve ter um paciente, um medicamento, uma quantidade, uma data e a posologia de ingestão da droga. Você deve também escrever um teste que verifique se a importação da prescrição funciona;
- Tente implementar o Game of Life Kata.

Completando o Desafio

A Dra. Avaj está muito feliz com seu Sistema de Gerenciamento de Documentos e ela agora o usa muito. Suas necessidades foram atendidas com sucesso pelos recursos porque você orientou seu design a partir dos requisitos dela no sentido do comportamento da aplicação até chegar aos detalhes da implementação. É um tema que você aprenderá quando o TDD for apresentado no próximo capítulo.

CAPÍTULO 5
Motor de Regras Comerciais

O Desafio

Seu negócio está indo muito bem. Na verdade, você agora cresceu e tem uma organização com milhares de funcionários. Isso significa que contratou muitas pessoas de diferentes funções empresariais: marketing, vendas, operações, administração, contabilidade e assim por diante. Você percebe que todas as funções comerciais possuem requisitos para a criação de regras que acionam ações conforme algumas condições; por exemplo, "notificar a equipe de vendas se o cargo do cliente for 'CEO'". Você poderia pedir à sua equipe de tecnologia para implementar cada novo requisito com softwares sob medida, mas seus desenvolvedores estão muito ocupados trabalhando em outros produtos. A fim de encorajar a colaboração entre a equipe comercial e a equipe de tecnologia, você decidiu que desenvolverá um Motor de Regras Comerciais que permite que os desenvolvedores e a equipe comercial escrevam o código juntos. Isso lhe permitirá aumentar a produtividade e reduzir o tempo necessário para implementar novas regras, pois sua equipe comercial será capaz de contribuir diretamente.

O Objetivo

Neste capítulo você aprenderá primeiro sobre como abordar um novo problema de design usando o desenvolvimento orientado a testes. Terá uma visão geral de uma técnica chamada mocking, que ajudará a especificar os testes unitários. Então, aprenderá sobre alguns recursos modernos no Java: inferência local do tipo variável e expressões switch. Por fim, aprenderá como desenvolver uma API amigável usando o padrão Builder e o Interface Segregation Principle.

 Se em qualquer ponto você quiser consultar o código-fonte deste capítulo, poderá acessar o pacote com.iteratrlearning.shu_book.chapter_05 no repositório de códigos do livro.

Requisitos do Motor de Regras Comerciais

Antes de começar, vamos pensar a respeito do que você quer fazer. Você gostaria de capacitar não programadores a incluir ou alterar a lógica comercial em seu próprio fluxo de trabalho. Por exemplo, um executivo de marketing pode querer aplicar um desconto especial quando um cliente estiver fazendo uma consulta sobre um de seus produtos e encaixar-se em determinados critérios. Um gerente de contas pode querer criar um alerta, caso as despesas estejam excepcionalmente altas. São exemplos do que você pode conseguir com um Motor de Regras Comerciais. É basicamente um software que executa uma ou mais regras comerciais que costumam ser declaradas usando uma linguagem sob medida simples. Um Motor de Regras Comerciais pode suportar múltiplos componentes diferentes:

Fatos [Facts]
> A informação disponível à qual as regras têm acesso.

Ações [Actions]
> A operação que você quer realizar.

Condições [Conditions]
> Especificam quando uma ação deve ser acionada.

Regras [Rules]
> Especificam a lógica comercial que você quer executar, basicamente agrupando fatos, condições e ações.

O principal benefício de produtividade de um Motor de Regras Comerciais é que ele permite que as regras sejam mantidas, executadas e testadas em um lugar, sem precisarem integrar-se em uma aplicação principal.

Há muitos Motores de Regras Comerciais do Java prontos para produção, como o Drools. Geralmente, um motor assim se enquadra em padrões como *Decision Model and Notation* (DMN) e vem com um repositório centralizado de regras, um editor usando uma *Graphical User Interface* (GUI) e ferramentas de visualização para ajudar na manutenção de regras complexas. Neste capítulo, você desenvolverá um produto mínimo viável para um Motor de Regras Comerciais e fará iterações para melhorar e sua funcionalidade e sua acessibilidade.

Desenvolvimento Orientado a Testes

Onde começar? Os requisitos não são inflexíveis e espera-se que evoluam, então você começa simplesmente listando os recursos básicos que precisa que seus usuários executem:

- Incluir uma ação;
- Executar a ação;
- Emitir relatórios básicos.

Isso se traduz na API básica mostrada no Exemplo 5-1. Cada método gera uma UnsupportedOperationException indicando que ainda será implementado.

Exemplo 5-1. API básica para o Motor de Regras Comerciais

```java
public class BusinessRuleEngine {

    public void addAction(final Action action) {
        throw new UnsupportedOperationException();
    }

    public int count() {
        throw new UnsupportedOperationException();
    }

    public void run() {
        throw new UnsupportedOperationException();
    }

}
```

Uma ação é só uma parte do código que será executada. Poderíamos usar a interface Runnable, mas, introduzir uma interface Action separada, representa melhor o domínio em questão. A interface Action permitirá que o Motor de Regras Comerciais seja dissociado das ações concretas. Como a interface Action apenas declara um único método abstrato, não podemos anotá-la como uma interface funcional, como no Exemplo 5-2.

Exemplo 5-2. A interface Action

```java
@FunctionalInterface
public interface Action {
    void execute();
}
```

Qual o próximo passo? Agora é hora de realmente escrever o código; onde está a implementação? Você usará uma abordagem chamada TDD (*test-driven development*) [desenvolvimento orientado a testes]. A filosofia do TDD é começar a escrever alguns testes que lhe permitirão guiar a implementação do código, ou seja, você escreve os testes primeiro, antes da implementação em si. É como fazer o oposto do que fizemos até aqui: você escreveu o código completo para um requisito e depois o testou. Agora o foco serão os testes.

Por Que Usar o TDD?

Por que você deveria adotar essa abordagem? Há diversos benefícios:

- Escrever um teste por vez o ajudará a concentrar-se e refinar os requisitos implementando corretamente uma coisa por vez;
- É uma forma de garantir uma organização relevante em seu código. Por exemplo, ao escrever um teste primeiro, você precisa pensar bem sobre as interfaces públicas de seu código;
- Você está construindo um conjunto de testes abrangente conforme itera os requisitos, o que aumenta a confiança de que está atendendo aos requisitos e também reduz o escopo para bugs;
- Você não escreve códigos desnecessários (over-engineer) porque escreve apenas os que passam nos testes.

Ciclo TDD

A abordagem TDD consiste basicamente dos passos a seguir em um ciclo, conforme representado na Figura 5-1:

1. Escrever um teste que falha;
2. Executar todos os testes;
3. Fazer a implementação funcionar;
4. Executar todos os testes.

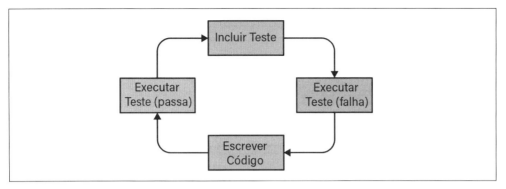

Figura 5-1. Ciclo TDD

Na prática, como parte desse processo, você deve *refatorar* seu código continuamente ou ele se tornará impossível de manter. Nesse momento, você sabe que tem um conjunto de testes nos quais pode confiar ao introduzir alterações. A Figura 5-2 ilustra o processo TDD melhorado.

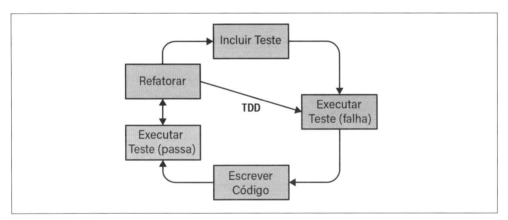

Figura 5-2. TDD com refatoramento

No espírito do TDD, começaremos escrevendo nossos primeiros testes para verificar se addActions e count comportam-se corretamente, como mostrado no Exemplo 5-3.

Exemplo 5-3. Testes básicos para o Motor de Regras Comerciais

```
@Test
void shouldHaveNoRulesInitially() {
    final BusinessRuleEngine businessRuleEngine = new BusinessRuleEngine();

    assertEquals(0, businessRuleEngine.count());
}
```

```java
@Test
void shouldAddTwoActions() {
    final BusinessRuleEngine businessRuleEngine = new BusinessRuleEngine();

    businessRuleEngine.addAction(() -> {});
    businessRuleEngine.addAction(() -> {});

    assertEquals(2, businessRuleEngine.count());
}
```

Ao executar os testes, verá que eles falham com uma `UnsupportedOperation Exception`, como mostrado na Figura 5-3.

Figura 5-3. Testes falhos

Todos os testes falharam, mas tudo bem. Isso nos dá um conjunto de testes reproduzível que guiará a implementação do código. Agora podemos incluir alguns códigos de implementação, como no Exemplo 5-4.

Exemplo 5-4. Implementação básica para o Motor de Regras Comerciais

```java
public class BusinessRuleEngine {

    private final List<Action> actions;

    public BusinessRuleEngine() {
        this.actions = new ArrayList<>();
    }

    public void addAction(final Action action) {
        this.actions.add(action);
    }

    public int count() {
        return this.actions.size();
    }

    public void run(){
        throw new UnsupportedOperationException();
    }
}
```

Você pode agora executar os testes novamente e eles passarão! Entretanto, falta uma operação crucial. Como escrevemos um teste para o método executar? Infelizmente, run() não retorna nenhum resultado. Precisaremos de uma técnica nova chamada *mocking* para verificar se o método run() opera corretamente.

Mocking

Mocking é uma técnica que lhe permitirá verificar se, quando o método run() é executado, cada ação adicionada ao Motor de Regras Comerciais é realmente executada. No momento, isso é difícil de fazer, pois os métodos run() em BusinessRuleEngine e perform() em Action estão retornando void. Não temos como escrever uma afirmação! O mocking está descrito mais detalhadamente no Capítulo 6, mas teremos uma breve visão geral agora para que você possa continuar escrevendo um teste. Você utilizará Mockito, uma popular biblioteca de mocking para Java. Você pode fazer basicamente duas coisas:

1. Criar um mock;
2. Verificar se um método é chamado.

Como começar? Você precisará primeiro importar a biblioteca:

```
import static org.mockito.Mockito.*;
```

Essa importação permite usar os métodos mock() e verify(). O método estático mock() permite criar um objeto fictício no qual você pode verificar o acontecimento de determinados comportamentos. O método verify() permite configurar afirmações de que um método específico é chamado. O Exemplo 5-5 mostra um exemplo.

Exemplo 5-5. Mocking e verificação de interação com um objeto Action

```
@Test
void shouldExecuteOneAction() {
        final BusinessRuleEngine businessRuleEngine = new BusinessRuleEngine();
        final Action mockAction = mock(Action.class);

        businessRuleEngine.addAction(mockAction);
        businessRuleEngine.run();

        verify(mockAction).perform();
}
```

O teste unitário cria um objeto fictício para Action. Isso é feito passando a classe como argumento para o método mock. Depois, você tem a parte *quando* do seu teste, onde os comportamentos são chamados. Aqui estamos incluindo a ação e executando o método run(). Por fim, você tem a parte *então* dos testes unitários, que configuram as afirmações. Nesse caso, verificamos se o método perform() no objeto Action foi chamado.

Mocking | 93

Se você executar esse teste, ele falhará conforme o esperado com uma `Unsupported OperationException`. E se o corpo de `run()` estiver vazio? Você receberá um novo sinal de exceção:

```
Wanted but not invoked:
action.perform();
-> at BusinessRuleEngineTest.shouldExecuteOneAction(BusinessRuleEngineTest.java:
35)
Actually, there were zero interactions with this mock.
```

Esse erro vem da Mockito e informa que o método `perform()` jamais foi chamado. Agora é hora de escrever a implementação correta do método `run()`, como mostrado no Exemplo 5-6.

Exemplo 5-6. A implementação do método run()

```java
public void run() {
    this.actions.forEach(Action::perform);
}
```

Execute os testes novamente e agora terá êxito. A Mockito conseguiu verificar que, quando o Motor de Regras Comerciais está em execução, o método `perform()` no objeto `Action` deve ser chamado. A Mockito permite especificar lógicas de verificação sofisticadas, como quantas vezes o método deve ser chamado, com determinados argumentos etc. Você aprenderá mais sobre isso no Capítulo 6.

Incluindo Condições

Você tem que admitir que até aqui o Motor de Regras Comerciais é bastante limitante. É possível apenas declarar ações simples. Entretanto, na prática, os usuários do Motor de Regras Comerciais precisarão executar ações com base em certas condições. Essas condições dependerão de alguns fatos. Por exemplo, notificar a equipe de vendas *apenas se o cargo do cliente for CEO*.

Modelando o Estado

Você pode começar escrevendo um código que inclua uma ação e se refira a uma variável local usando uma classe anônima, como mostrado no Exemplo 5-7, ou usar uma expressão lambda como no Exemplo 5-8.

Exemplo 5-7. Incluindo uma ação com uma classe anônima

```java
// this object could be created from a form
final Customer customer = new Customer("Mark", "CEO");

businessRuleEngine.addAction(new Action() {

    @Override
    public void perform() {
        if ("CEO".equals(customer.getJobTitle())) {
            Mailer.sendEmail("sales@company.com", "Relevant customer: " + customer);
        }
    }
});
```

Exemplo 5-8. Incluindo uma ação com uma expressão lambda

```java
// this object could be created from a form
final Customer customer = new Customer("Mark", "CEO");

businessRuleEngine.addAction(() -> {
    if ("CEO".equals(customer.getJobTitle())) {
        Mailer.sendEmail("sales@company.com", "Relevant customer: " + customer);
    }
});
```

Entretanto, essa abordagem é inconveniente por estes motivos:

1. Como testar a ação? Não é uma funcionalidade independente; ela depende do código no objeto do cliente;

2. O objeto do cliente não é agrupado à ação. É um tipo de estado externo que é compartilhado, levando a uma mistura confusa de responsabilidades.

Então do que precisamos? Precisamos encapsular o estado que está disponível às ações dentro do Motor de Regras Comerciais. Modelaremos esses requisitos introduzindo uma nova classe chamada Facts, que representará o estado disponível como parte do Motor de Regras Comerciais, e uma interface Action atualizada que consegue operar nos fatos. Um teste unitário atualizado aparece no Exemplo 5-9 e verifica que, quando o Motor de Regras Comerciais é executado, a ação especificada é na verdade chamada com o objeto Facts passado como argumento.

Incluindo Condições | 95

Exemplo 5-9. Testando uma ação com fatos

```
@Test
public void shouldPerformAnActionWithFacts() {
    final Action mockAction = mock(Action.class);
    final Facts mockFacts = mock(Facts.class);
    final BusinessRuleEngine businessRuleEngine = new BusinessRuleEngine(mocked
Facts);

    businessRuleEngine.addAction(mockAction);
    businessRuleEngine.run();

    verify(mockAction).perform(mockFacts);
}
```

Para seguir a filosofia TDD, esse teste fracassará a princípio. Você precisa sempre executar os testes no início para garantir que falhem, ou você pode escrever um teste que passe acidentalmente. Para fazer o teste passar, você precisará atualizar a API e o código de implementação. Primeiro, introduzirá a classe Facts, que lhe permite armazenar um fato representado como uma chave e um valor. O benefício de introduzir uma classe Facts separada para modelar o estado é que você pode controlar as operações disponíveis para seus usuários fornecendo uma API pública e também fazer um teste unitário no comportamento da classe. Por enquanto, a classe Facts suportará apenas as chaves String e os valores String. O código para a classe Facts aparece no Exemplo 5-10. Escolhemos os nomes getFact e addFact porque representam melhor o domínio em questão (trabalhando com fatos), em vez de getValue e setValue.

Exemplo 5-10. A classe Facts

```
public class Facts {

    private final Map<String, String> facts = new HashMap<>();

    public String getFact(final String name) {
        return this.facts.get(name);
    }

    public void addFact(final String name, final String value) {
        this.facts.put(name, value);
    }
}
```

Você precisará refatorar a interface `Action` para que o método `perform()` possa usar um objeto `Facts` passado como argumento. Assim, fica claro que os fatos estão disponíveis dentro do contexto da única `Action` (Exemplo 5-11).

Exemplo 5-11. A interface Action que recebe fatos

```java
@FunctionalInterface
public interface Action {
    void perform(Facts facts);
}
```

Por fim, você pode agora atualizar a classe `BusinessRuleEngine` para utilizar os fatos e o método `perform()` atualizado de `Action`, como mostrado no Exemplo 5-12.

Exemplo 5-12. Motor de Regras Comerciais com fatos

```java
public class BusinessRuleEngine {

    private final List<Action> actions;
    private final Facts facts;

    public BusinessRuleEngine(final Facts facts) {
        this.facts = facts;
        this.actions = new ArrayList<>();
    }

    public void addAction(final Action action) {
        this.actions.add(action);
    }

    public int count() {
        return this.actions.size();
    }

    public void run() {
        this.actions.forEach(action -> action.perform(facts));
    }
}
```

Agora que o objeto `Facts` está disponível para as ações, você pode especificar uma lógica arbitrária em seu código que procura o objeto `Facts`, como no Exemplo 5-13.

Exemplo 5-13. Uma ação utilizando fatos

```java
businessRuleEngine.addAction(facts -> {
    final String jobTitle = facts.getFact("jobTitle");
    if ("CEO".equals(jobTitle)) {
        final String name = facts.getFact("name");
        Mailer.sendEmail("sales@company.com", "Relevant customer: " + name);
    }
});
```

Vejamos mais alguns exemplos. Também é uma boa oportunidade para introduzir dois recursos recentes no Java, que exploraremos em ordem:

- Inferência de tipos para a variável local;
- Expressões switch.

Inferência de Tipos para a Variável Local

O Java 10 apresentou a inferência de tipos para a variável local. Inferência de tipos é a ideia de que um compilador pode descobrir para você os tipos estáticos para que não tenha que digitá-los. Você viu uma inferência de tipos antes no Exemplo 5-10 quando escreveu:

```
Map<String, String> facts = new HashMap<>();
```

em vez de:

```
Map<String, String> facts = new HashMap<String, String>();
```

Esse recurso introduzido no Java 7 se chamava *operador diamante*. Basicamente, você pode omitir os parâmetros genéricos do tipo (nesse caso, String, String) em uma expressão quando seu contexto os determina. No código anterior, o lado esquerdo da atribuição indica que as chaves e os valores de Map deveriam ser Strings.

Desde o Java 10, a inferência de tipos tem sido ampliada para trabalhar com as variáveis locais. Por exemplo, o código no Exemplo 5-14 pode ser reescrito usando a palavra-chave var e a inferência de tipos para a variável local mostrada no Exemplo 5-15.

Exemplo 5-14. Declaração de variável local com tipos explícitos

```
Facts env = new Facts();
BusinessRuleEngine businessRuleEngine = new BusinessRuleEngine(env);
```

Exemplo 5-15. Inferência de tipos para a variável local

```
var env = new Facts();
var businessRuleEngine = new BusinessRuleEngine(env);
```

Usando a palavra-chave var no código mostrado no Exemplo 5-15, a variável env ainda tem um tipo estático Facts e a variável businessRuleEngine ainda tem o tipo estático BusinessRuleEngine.

Uma variável declarada usando a palavra-chave var não se torna final. Por exemplo, este código:

```
final Facts env = new Facts();
```

não é totalmente equivalente a:

```
var env = new Facts();
```

Você ainda pode atribuir outro valor à variável env após declará-la utilizando var. Você teria que incluir explicitamente a palavra-chave final como abaixo, na frente da variável env para que seja final:

```
final var env = new Facts()
```

No restante dos capítulos, simplesmente usaremos a palavra-chave var sem final para encurtar, pois está no espírito de concisão do código. Quando declaramos explicitamente o tipo de uma variável, usamos a palavra-chave final.

A inferência de tipos ajuda a reduzir o tempo necessário para escrever o código Java. Porém, você deveria usar esse recurso o tempo todo? Vale lembrar que os desenvolvedores passam mais tempo lendo códigos do que escrevendo-os. Em outras palavras, você deve pensar em otimizar para facilitar a leitura, não a escrita. Até que ponto var melhora isso será sempre subjetivo. Você deve sempre se concentrar no que ajuda seus colegas de equipe a ler seu código, portanto, se eles ficarem felizes em ler seu código com var, então você deve usá-lo; do contrário, não use. Por exemplo, aqui podemos refatorar o código no Exemplo 5-13 para usar a inferência de tipos para a variável local para organizar o código como mostrado no Exemplo 5-16.

Exemplo 5-16. Uma ação utilizando fatos e a inferência de tipos para a variável local

```
businessRuleEngine.addAction(facts -> {
    var jobTitle = facts.getFact("jobTitle");
    if ("CEO".equals(jobTitle)) {
        var name = facts.getFact("name");
        Mailer.sendEmail("sales@company.com", "Relevant customer: " + name);
    }
});
```

Expressões Switch

Até aqui você só configurou ações com exatamente uma condição para lidar. Isso é bem limitante. Por exemplo, digamos que você trabalhe com sua equipe de vendas. Eles podem registrar em seu sistema CRM (*Customer Relationship Management*) diferentes negócios com diferentes quantias e diferentes estágios. Um estágio de negócio pode ser representado como um enum Stage com valores incluindo LEAD, INTERESTED, EVALUATING, CLOSED, como no Exemplo 5-17.

Exemplo 5-17. Enum representando diferentes estágios de negócio

```java
public enum Stage {
    LEAD, INTERESTED, EVALUATING, CLOSED
}
```

Dependendo do estágio, você pode atribuir uma regra que lhe dê a probabilidade de fechar o negócio. Consequentemente, pode ajudar a equipe de vendas a gerar uma previsão. Digamos que, para uma equipe específica, LEAD tenha 20% de probabilidade de conversão, então um negócio no estágio LEAD com a quantia de US$1.000 terá uma quantia prevista de US$200. Vamos criar uma ação para modelar essas regras e retornar a quantia prevista para um negócio específico, como mostrado no Exemplo 5-18.

Exemplo 5-18. Uma regra para calcular a quantia prevista de um negócio específico

```java
businessRuleEngine.addAction(facts -> {
    var forecastedAmount = 0.0;
    var dealStage = Stage.valueOf(facts.getFact("stage"));
    var amount = Double.parseDouble(facts.getFact("amount"));
    if(dealStage == Stage.LEAD){
        forecastedAmount = amount * 0.2;
    } else if (dealStage == Stage.EVALUATING) {
        forecastedAmount = amount * 0.5;
    } else if(dealStage == Stage.INTERESTED) {
        forecastedAmount = amount * 0.8;
    } else if(dealStage == Stage.CLOSED) {
        forecastedAmount = amount;
    }
    facts.addFact("forecastedAmount", String.valueOf(forecastedAmount));
});
```

O código mostrado no Exemplo 5-18 está basicamente fornecendo um valor para cada valor enum disponível. Uma construção de linguagem preferida é a declaração switch, pois é mais sucinta. Veja o Exemplo 5-19.

Exemplo 5-19. Uma regra para calcular uma quantia prevista para um negócio específico usando uma declaração switch

```java
switch (dealStage) {
    case LEAD:
        forecastedAmount = amount * 0.2;
        break;
    case EVALUATING:
        forecastedAmount = amount * 0.5;
        break;
    case INTERESTED:
```

100 | **CAPÍTULO 5: Motor de Regras Comerciais**

```
            forecastedAmount = amount * 0.8;
            break;
        case CLOSED:
            forecastedAmount = amount;
            break;
    }
```

Observe todas as declarações break no código do Exemplo 5-19. A declaração break garante que o próximo bloco na declaração switch não seja executado. Se você esquecer de inserir break sem querer, o código ainda compilará e você terá o que chamamos de comportamento *fall-through*. Em outras palavras, o próximo bloco é executado e isso pode levar a bugs sutis. Desde o Java 12 (usando o modo de previsão do recurso de linguagem), você pode reescrever isso para evitar o comportamento fall-through e múltiplas interrupções usando uma sintaxe diferente para switch. Agora, switch pode ser usada como uma expressão, como no Exemplo 5-20.

Exemplo 5-20. Expressão switch sem comportamento fall-through

```
var forecastedAmount = amount * switch (dealStage) {
    case LEAD -> 0.2;
    case EVALUATING -> 0.5;
    case INTERESTED -> 0.8;
    case CLOSED -> 1;
}
```

Outro benefício dessa forma de switch melhorada, além de maior legibilidade, é o caráter *exaustivo*. Isso significa que, quando você usa switch com enum, o compilador Java verifica se, para todos os valores enum, há um rótulo switch correspondente. Por exemplo, se você esquecesse de lidar com o caso CLOSED, o compilador Java produziria o seguinte erro:

```
error: the switch expression does not cover all possible input values.
```

Você pode reescrever toda a ação usando uma expressão switch, como no Exemplo 5-21.

Exemplo 5-21. Uma regra para calcular uma quantia prevista para um negócio específico

```
businessRuleEngine.addAction(facts -> {
    var dealStage = Stage.valueOf(facts.getFact("stage"));
    var amount = Double.parseDouble(facts.getFact("amount"));
    var forecastedAmount = amount * switch (dealStage) {
        case LEAD -> 0.2;
        case EVALUATING -> 0.5;
        case INTERESTED -> 0.8;
        case CLOSED -> 1;
    }
    facts.addFact("forecastedAmount", String.valueOf(forecastedAmount));
});
```

Incluindo Condições | 101

Interface Segregation Principle

Gostaríamos de desenvolver agora uma *ferramenta de inspeção* que permite que os usuários do Motor de Regras Comerciais inspecionem o status de possíveis ações e condições. Por exemplo, gostaríamos de avaliar cada ação e condição associada a fim de registrá-las sem realmente realizar a ação. Como? A interface Action atual não é suficiente porque não separa o código executado versus a condição que aciona tal código. No momento, não há como separar a condição do código de ação. Para compensar, poderíamos inserir uma interface Action melhorada que tenha uma funcionalidade predefinida para avaliar a condição. Por exemplo, poderíamos criar uma interface ConditionalAction que inclua um novo método evaluate(), como mostrado no Exemplo 5-22.

Exemplo 5-22. Interface ConditionalAction

```java
public interface ConditionalAction {
    boolean evaluate(Facts facts);
    void perform(Facts facts);
}
```

Podemos agora implementar uma classe Inspector básica que pegue uma lista de objetos ConditionalAction e os avalie com base em alguns fatos, como no Exemplo 5-23. Inspector retorna uma lista de relatórios que captura os fatos, a ação condicional e o resultado. A implementação para a classe Report está no Exemplo 5-24.

Exemplo 5-23. Inspector das condições

```java
public class Inspector {

    private final List<ConditionalAction> conditionalActionList;

    public Inspector(final ConditionalAction...conditionalActions) {
        this.conditionalActionList = Arrays.asList(conditionalActions);
    }

    public List<Report> inspect(final Facts facts) {
        final List<Report> reportList = new ArrayList<>();
        for (ConditionalAction conditionalAction : conditionalActionList) {
            final boolean conditionResult = conditionalAction.evaluate(facts);
            reportList.add(new Report(facts, conditionalAction, conditionResult));
        }
        return reportList;
    }
}
```

102 | **CAPÍTULO 5: Motor de Regras Comerciais**

Exemplo 5-24. A classe Report

```java
public class Report {

    private final ConditionalAction conditionalAction;
    private final Facts facts;
    private final boolean isPositive;

    public Report(final Facts facts,
                  final ConditionalAction conditionalAction,
                  final boolean isPositive) {
        this.facts = facts;
        this.conditionalAction = conditionalAction;
        this.isPositive = isPositive;
    }

    public ConditionalAction getConditionalAction() {
        return conditionalAction;
    }

    public Facts getFacts() {
        return facts;
    }

    public boolean isPositive() {
        return isPositive;
    }
    @Override
    public String toString() {
        return "Report{" +
                "conditionalAction=" + conditionalAction +
                ", facts=" + facts +
                ", result=" + isPositive
                + '}';
    }
}
```

Como faríamos para testar Inspector? Você pode começar escrevendo um simples teste unitário, como mostrado no Exemplo 5-25. Esse teste destaca um problema fundamental em nosso design atual. Na verdade, a interface ConditionalAction viola o *Interface Segregation Principle* (ISP).

Exemplo 5-25. Destacando a violação do ISP

```java
public class InspectorTest {

    @Test
    public void inspectOneConditionEvaluatesTrue() {

        final Facts facts = new Facts();
        facts.setFact("jobTitle", "CEO");
        final ConditionalAction conditionalAction = new JobTitleCondition();
        final Inspector inspector = new Inspector(conditionalAction);

        final List<Report> reportList = inspector.inspect(facts);
```

Incluindo Condições | **103**

```java
        assertEquals(1, reportList.size());
        assertEquals(true, reportList.get(0).isPositive());
    }

    private static class JobTitleCondition implements ConditionalAction {

        @Override
        public void perform(Facts facts) {
            throw new UnsupportedOperationException();
        }

        @Override
        public boolean evaluate(Facts facts) {
            return "CEO".equals(facts.getFact("jobTitle"));
        }
    }
}
```

O que é Interface Segregation Principle? Você pode perceber que a implementação do método `perform` está vazia. Na verdade, ela gera uma `UnsupportedOperationException`. É uma situação na qual você está acoplado a uma interface (`ConditionalAction`) que oferece mais do que você precisa. Nesse caso, queremos apenas uma forma de modelar uma condição, algo que seja avaliado como verdadeiro ou falso. Todavia, somos forçados a depender do método `perform()` porque ele faz parte da interface.

Essa ideia geral é o fundamento do Interface Segregation Principle. Ela defende que nenhuma classe deve ser forçada a depender de métodos que não usa, pois isso insere um acoplamento desnecessário. No Capítulo 2, você aprendeu outro princípio, o *Single Responsibility Principle* (SRP), que promove a alta coesão. O SRP é uma diretriz geral de design de que uma classe tem responsabilidade sobre uma única funcionalidade e deveria haver apenas uma razão para que mude. Apesar de o ISP parecer a mesma ideia, ele assume uma visão diferente. O ISP concentra-se no usuário de uma interface, em vez de seu design. Em outras palavras, se uma interface fica muito grande, pode ser que o usuário daquela interface veja alguns comportamentos que não lhe interessam, o que gera um acoplamento desnecessário.

Para oferecer uma solução que atenda o Interface Segregation Principle, somos encorajados a separar os conceitos em interfaces menores que possam evoluir separadamente. Essa ideia basicamente promove uma maior coesão. Separar as interfaces também dá uma oportunidade para introduzir nomes que sejam mais próximos do domínio em questão, como `Condition` e `Action`, que exploraremos na próxima seção.

Projetando uma API Fluent

Até aqui oferecemos uma forma de nossos usuários incluírem ações com condições complexas. Essas condições foram criadas usando a declaração switch melhorada. Entretanto, para os usuários comerciais, a sintaxe não é tão amigável quanto poderia ser para especificar condições simples. Gostaríamos de permitir que eles incluíssem regras (uma condição e uma ação) de forma adequada a seu domínio e que sejam mais fáceis de especificar. Nesta seção, você aprenderá sobre o padrão Builder e como desenvolver sua própria API Fluent para abordar o problema.

O Que é API Fluent?

É uma API explicitamente personalizada para um domínio específico para que você possa resolver certo problema mais intuitivamente. Ela também abarca a ideia de encadear chamadas de método para especificar uma operação mais complexa. Há diversas APIs Fluent importantes que você já deve conhecer:

- A API Streams do Java permite especificar consultas de processamento de dados de forma que seja lida mais como o problema que você precisa resolver;
- A Integração do Spring oferece uma API Java para especificar padrões de integração empresarial usando um vocabulário próximo ao domínio dos padrões de integração empresarial;
- O jOOQ oferece uma biblioteca para interagir com diferentes bases de dados usando uma API intuitiva.

Modelando o Domínio

O que queremos simplificar para nossos usuários comerciais? Gostaríamos de ajudá-los a especificar uma combinação simples de "quando uma condição existir", "então faça algo" como regra. Há três conceitos nesse domínio:

Condição [*Condition*]

> Uma condição aplicada a certos fatos avaliada como verdadeira ou falsa.

Ação [*Action*]

> Um conjunto específico de operações ou códigos a executar.

Regra [*Rule*]

> É uma condição e uma ação juntas. A ação só acontece se a condição é verdadeira.

Agora que definimos os conceitos no domínio, vamos traduzi-los em Java! Primeiro, definiremos a interface Condition e reutilizaremos nossa interface Action existente, como no Exemplo 5-26. Note que poderíamos também ter usado a interface java.util.function.Predicate disponível desde o Java 8, mas o nome Condition representa melhor nosso domínio.

Os nomes são muito importantes na programação porque bons nomes ajudam a entender o problema que seu código está resolvendo. Muitas vezes eles são mais importantes do que a "forma" da interface (em termos de parâmetros e tipos de retorno), porque os nomes transmitem a informação contextual para aqueles que leem o código.

Exemplo 5-26. A interface Condition

```
@FunctionalInterface
public interface Condition {
    boolean evaluate(Facts facts);
}
```

Agora a pergunta restante é como modelar o conceito de uma regra? Podemos definir uma interface Rule com uma operação perform(). Isso permitirá oferecer diferentes implementações de Rule. Uma implementação-padrão adequada dessa interface é uma classe DefaultRule, que conterá uma Condition e um objeto Action com a lógica adequada para executar uma regra, como mostrado no Exemplo 5-27.

Exemplo 5-27. Modelando o conceito de uma regra

```
@FunctionalInterface
interface Rule {
    void perform(Facts facts);
}

public class DefaultRule implements Rule {

    private final Condition condition;
    private final Action action;

    public Rule(final Condition condition, final Action action) {
        this.condition = condition;
        this.action = action;
    }

    public void perform(final Facts facts) {
        if(condition.evaluate(facts)){
            action.execute(facts);
        }
    }
}
```

Como criamos novas regras usando todos esses elementos diferentes? Veja no Exemplo 5-28.

Exemplo 5-28. Construindo uma regra

```
final Condition condition = (Facts facts) -> "CEO".equals(facts.getFact("jobTi
tle"));
final Action action = (Facts facts) -> {
    var name = facts.getFact("name");
    Mailer.sendEmail("sales@company.com", "Relevant customer!!!: " + name);
};

final Rule rule = new DefaultRule(condition, action);
```

Padrão Builder

Entretanto, apesar de o código usar nomes que são próximos do nosso domínio (Condition, Action, Rule), esse código é um tanto quanto manual. O usuário precisa instanciar objetos separados e agrupar as coisas. Vamos apresentar o chamado *padrão Builder* para melhorar o processo de criação de um objeto Rule com a condição e a ação adequadas. O propósito desse padrão é simplificar a criação de um objeto. O padrão Builder basicamente desconstrói os parâmetros de um construtor e oferece métodos para suprir cada um dos parâmetros. O benefício dessa abordagem é permitir a declaração de métodos com nomes que sejam adequados ao domínio em questão. Por exemplo, em nosso caso, gostaríamos de usar o vocabulário when e then. O código no Exemplo 5-29 mostra como definir o padrão Builder para construir um objeto DefaultRule. Já introduzimos um método when(), que fornece a condição. O método when() retorna this (ou seja, a instância atual), que nos permitirá encadear mais métodos. Já introduzimos também um método then(), que fornecerá a ação. O método then() também retorna this, que nos permite encadear mais um método. Por fim, o método createRule() é responsável pela criação do objeto DefaultRule.

Exemplo 5-29. Padrão Builder para Rule

```
public class RuleBuilder {
    private Condition condition;
    private Action action;

    public RuleBuilder when(final Condition condition) {
        this.condition = condition;
        return this;
    }

    public RuleBuilder then(final Action action) {
        this.action = action;
        return this;
    }
```

Projetando uma API Fluent | 107

```
    public Rule createRule() {
        return new DefaultRule(condition, action);
    }
}
```

Usando essa nova classe, você pode criar `RuleBuilder` e configurar `Rule` usando os métodos `when()`, `then()` e `createRule()`, como mostrado no Exemplo 5-30. Essa ideia de métodos encadeados é um aspecto importante do design de uma API Fluent.

Exemplo 5-30. Usando RuleBuilder

```
Rule rule = new RuleBuilder()
        .when(facts -> "CEO".equals(facts.getFact("jobTitle")))
        .then(facts -> {
            var name = facts.getFact("name");
            Mailer.sendEmail("sales@company.com", "Relevant customer: " + name);
        })
        .createRule();
```

Esse código parece mais uma consulta e aproveita o domínio em questão: a noção de uma regra, `when()` e `then()` como construtores predefinidos. Mas não é totalmente satisfatório porque ainda há duas construções esquisitas que o usuário de sua API terá que enfrentar:

- Instanciar um `RuleBuilder` "vazio";
- Chamar o método `createRule()`.

Podemos melhorar isso criando uma API um pouco melhor. Há três melhorias possíveis:

- Tornaremos o construtor privado de modo que não possa ser chamado explicitamente por um usuário. Isso significa que precisaremos criar um ponto de entrada diferente para nossa API;
- Podemos tornar o método `when()` estático para que seja chamado direto e basicamente interrompa a chamada do construtor antigo. Além disso, um método de fator estático melhora a capacidade de descoberta de qual método correto usar para configurar objetos `Rule`;
- O método `then()` se tornará responsável pela criação final de nosso objeto `DefaultRule`.

O Exemplo 5-31 mostra o `RuleBuilder` melhorado.

Exemplo 5-31. RuleBuilder melhorado

```java
public class RuleBuilder {
    private final Condition condition;

    private RuleBuilder(final Condition condition) {
        this.condition = condition;
    }

    public static RuleBuilder when(final Condition condition) {
        return new RuleBuilder(condition);
    }

    public Rule then(final Action action) {
        return new DefaultRule(condition, action);
    }
}
```

Agora você pode simplesmente criar regras começando pelo método `RuleBuilder.when()` seguido pelo método `then()`, como no Exemplo 5-32.

Exemplo 5-32. Usando o RuleBuilder melhorado

```java
final Rule ruleSendEmailToSalesWhenCEO = RuleBuilder
        .when(facts -> "CEO".equals(facts.getFact("jobTitle")))
        .then(facts -> {
            var name = facts.getFact("name");
            Mailer.sendEmail("sales@company.com", "Relevant customer!!!: " + name);
        });
```

Após refatorarmos `RuleBuilder`, podemos refatorar o Motor de Regras Comerciais para suportar regras em vez de apenas ações, como mostrado no Exemplo 5-33.

Exemplo 5-33. Motor de Regras Comerciais atualizado

```java
public class BusinessRuleEngine {

    private final List<Rule> rules;
    private final Facts facts;

    public BusinessRuleEngine(final Facts facts) {
        this.facts = facts;
        this.rules = new ArrayList<>();
    }

    public void addRule(final Rule rule) {
        this.rules.add(rule);
    }

    public void run() {
        this.rules.forEach(rule -> rule.perform(facts));
    }

}
```

Projetando uma API Fluent | 109

Conclusões

- A filosofia de desenvolvimento orientada a testes começa com a escrita de alguns testes que lhe permitirão guiar a implementação do código;
- O mocking permite escrever testes unitários que avaliem se certos comportamentos são acionados;
- O Java suporta a inferência de tipo para as variáveis locais e expressões switch;
- O padrão Builder ajuda a projetar APIs intuitivas para instanciar objetos complexos;
- O Interface Segregation Principle ajuda a promover a alta coesão ao reduzir dependências de métodos desnecessários. Isso é feito dividindo grandes interfaces em interfaces menores e mais coesas, de modo que os usuários vejam apenas o necessário.

Iterando

Se quiser ampliar e consolidar o conhecimento deste capítulo, você pode tentar uma destas atividades:

- Melhorar `Rule` e `RuleBuilder` para suportar um nome e uma descrição;
- Melhorar a classe `Facts` para que os fatos sejam carregados de um arquivo JSON;
- Melhorar o Motor de Regras Comerciais para suportar regras com múltiplas condições;
- Melhorar o Motor de Regras Comerciais para suportar regras com prioridades diferentes.

Completando o Desafio

Seu negócio está prosperando e sua empresa adotou o Motor de Regras Comerciais como parte de seu fluxo de trabalho! Você está agora procurando sua próxima ideia e quer aplicar suas habilidades de desenvolvimento de software em algo novo que ajude o mundo, não somente sua empresa. É hora de ir para o próximo capítulo: Twootr!

CAPÍTULO 6

Twootr

O Desafio

Joe era um rapaz empolgado, disposto a me contar tudo sobre sua nova ideia de startup. Sua missão era ajudar as pessoas a se comunicarem melhor e mais rápido. Ele gostava de escrever blogs, mas imaginava como fazer as pessoas escreverem blogs com maior frequência em quantidades menores. Ele chamava isso de microblog. A grande ideia era que, se você restringisse o tamanho das mensagens a 140 caracteres, as pessoas postariam textos menores com maior frequência, em vez de grandes mensagens.

Perguntamos a Joe se ele achava que essa restrição encorajaria as pessoas a postarem frases curtas e concisas que não significavam nada. Ele disse: "Só se vive uma vez!" Perguntamos como ganharia dinheiro. Ele disse: "Só se vive uma vez!" Perguntamos como planejava batizar seu produto. Ele disse: "Twootr!" Acreditamos que era uma ideia interessante e original, então decidimos ajudá-lo a construir o produto.

O Objetivo

Neste capítulo você aprenderá sobre como montar uma aplicação de software. Muitos dos apps anteriores deste livro eram exemplos menores — tarefas em lote que seriam executadas na linha de comando. O Twootr é uma aplicação Java no servidor, semelhante à aplicação que a maioria dos desenvolvedores Java escreve.

Neste capítulo você terá a oportunidade de aprender diversas habilidades diferentes:

- Como pegar uma descrição ampla e dividi-la entre diferentes questões arquiteturais;
- Como usar dublês de teste para isolar e testar interações de diferentes componentes em sua base de código;
- Como pensar de fora para dentro; primeiro os requisitos, depois a essência do domínio de sua aplicação.

Em muitas partes deste capítulo falaremos não somente sobre o design final do software, mas como chegamos a ele. Há alguns pontos onde mostramos como certos métodos evoluíram iterativamente ao longo do desenvolvimento do projeto em resposta a uma lista crescente de recursos implementados. Isso lhe dará uma ideia de como os projetos de software podem evoluir na realidade, em vez de simplesmente apresentar um design final idealizado abstraído de seu processo de reflexão.

Requisitos do Twootr

As aplicações anteriores que você viu neste livro são todas de linha comercial que processam dados e documentos. O Twootr, por outro lado, é uma aplicação para usuários. Quando conversamos com Joe sobre os requisitos de seu sistema, ficou claro que ele havia refinado um pouco suas ideias. Cada microblog de usuário se chamaria *twoot* e os usuários teriam um fluxo constante de twoots. A fim de ver o que os outros estavam twootando, você *seguiria* esses usuários.

Joe havia imaginado alguns casos diferentes, cenários onde seus usuários utilizariam o serviço. Essa é a funcionalidade que precisamos fazer funcionar a fim de ajudar Joe a conquistar seu objetivo de auxiliar as pessoas a se comunicarem melhor:

- Os usuários fazem login no Twootr com ID de usuário e senha únicos;
- Cada usuário tem um conjunto de outros usuários que segue;
- Os usuários podem enviar um twoot e quaisquer seguidores conectados podem ver o twoot imediatamente;
- Quando os usuários fazem login, devem ver todos os twoots de seus seguidores desde o último login;
- Os usuários devem poder apagar twoots. Os twoots apagados não devem mais ser vistos pelos seguidores;
- Os usuários devem poder fazer login do celular ou pelo site.

O primeiro passo para explicar como procederemos com a implementação de uma solução adequada às necessidades de Joe é sintetizar e delinear o panorama das opções de design que temos.

Visão Geral do Design

Se a qualquer momento você quiser ver o código-fonte deste capítulo, poderá acessar o pacote com.iteratrlearning.shu_book.chapter_06 no repositório de códigos do livro.

112 | **CAPÍTULO 6: Twootr**

Se quiser ver o projeto em ação, deve executar a classe `Twootr Server` em seu IDE e depois acessar *http://localhost:8000*.

Se separarmos o último requisito e o considerarmos primeiro, então nos ocorre que, ao contrário de muitos outros sistemas neste livro, precisamos construir um sistema que possui muitos computadores comunicando-se entre si de certa forma. Isso porque nossos usuários podem estar executando o software em diferentes computadores; por exemplo, um usuário pode carregar o site do Twootr no desktop, em casa, e outro pode executá-lo em um celular. Como essas interfaces de usuário diferentes conversam entre si?

A abordagem mais comum adotada por desenvolvedores de software tentando resolver esse tipo de problema é usar o modelo *cliente-servidor*. Nessa abordagem para desenvolver aplicações distribuídas reunimos nossos computadores em dois grupos principais. Temos *clientes* que solicitam o uso de algum tipo de serviço e *servidores* que oferecem o serviço em questão. Então, em nosso caso, nossos clientes seriam algo como um site ou um aplicativo de celular que fornece uma IU através da qual podemos nos comunicar com o servidor Twootr. O servidor processaria a maior parte da lógica comercial, enviaria e receberia twoots de diferentes clientes, como mostrado na Figura 6-1.

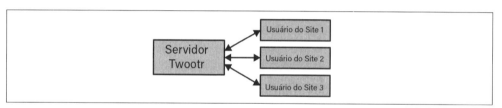

Figura 6-1. Modelo cliente-servidor

Ficou claro pelos requisitos e pela conversa com Joe que a principal parte do funcionamento desse sistema era a capacidade de ver imediatamente os twoots dos usuários que você segue. Isso significa que a interface de usuário precisaria ter a capacidade de receber twoots do servidor e enviá-los. Existem, em termos gerais, dois estilos de comunicação diferentes que podem ser usados para atingir esse objetivo: baseado em pull ou push.

Baseada em Pull

Em um estilo de *comunicação baseada em pull*, o cliente faz uma solicitação ao servidor e consulta informações. Essa comunicação costuma ser chamada de estilo ponto a ponto ou comunicação de solicitação-resposta. É uma comunicação particularmente comum, usada na maior parte da web. Quando você carrega um site, ele faz uma solicitação HTTP para algum servidor, puxando os dados da página. A comunicação baseada em pull é útil quando o cliente controla quais conteúdos carregar. Por exemplo, se você estiver navegando na Wikipédia, controla quais páginas tem interesse de ler ou ver a seguir, e as respostas de conteúdo são enviadas de volta a você, como na Figura 6-2.

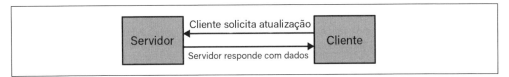

Figura 6-2. Comunicações por pull

Baseada em Push

Outra abordagem é o estilo de *comunicação baseada em push*. Pode ser definida como uma abordagem de comunicação reativa ou orientada a eventos. Nesse modelo, os fluxos de eventos são emitidos por um editor e muitos inscritos os recebem. Em vez de cada comunicação ser um a um, elas são de um para muitos. Esse modelo é muito útil para sistemas nos quais diferentes componentes precisam conversar em termos de padrões de comunicação contínua de múltiplos eventos. Por exemplo, se você estiver projetando um mercado de ações, então diferentes empresas querem ver constantemente os preços atualizados, ou ticks, em vez de fazer uma solicitação nova sempre que quiserem ver um novo tick, como mostrado na Figura 6-3.

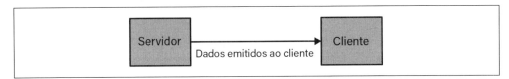

Figura 6-3. Comunicações por push

No caso do Twootr, um estilo de comunicação orientado a eventos parece mais adequado para a aplicação, pois consiste principalmente de fluxos contínuos de twoots. Os eventos nesse modelo seriam os próprios twoots. Ainda poderíamos planejar a aplicação em termos de comunicação do tipo solicitação-resposta. Se adotássemos esse caminho, entretanto, o cliente teria que enviar regularmente ao servidor uma solicitação dizendo: "Oi, alguém twootou desde minha última solicitação?" Em um estilo orientado a eventos, você simplesmente inscreve seus eventos, ou seja, segue outro usuário, e o servidor emite os twoots que interessam para o cliente.

Essa opção de comunicação orientada a eventos influencia o resto do design da aplicação daqui por diante. Quando escrevermos códigos que implementam a principal classe de nossa aplicação, receberemos e enviaremos eventos. Como receber e enviar eventos determina os padrões no código e como escrevemos testes para nosso código.

Dos Eventos ao Design

Dito isso, estamos construindo uma aplicação cliente-servidor; este capítulo se concentrará no componente do servidor, não do cliente. Em "Interface do Usuário", posteriormente, você verá como um cliente pode ser desenvolvido para essa base de código e um cliente de exemplo está implementado nas amostras de código que acompanham este livro. Há dois motivos pelos quais nos concentramos no componente do servidor. Primeiro, este é um livro sobre como escrever softwares em Java, que são extensivamente usados no servidor, mas nem tanto no cliente. Segundo, o servidor é onde fica a lógica comercial: o cérebro da aplicação. O cliente é uma base de código muito simples que só precisa vincular uma IU aos eventos de publicação e inscrição.

Comunicação

Tendo estabelecido que queremos enviar e receber eventos, o próximo passo comum em nosso design seria escolher algum tipo de tecnologia para enviar essas mensagens de nosso cliente para o servidor e vice-versa. Há muitas opções, e aqui estão alguns caminhos que podemos adotar:

- WebSockets é um protocolo de comunicações leve e moderno para oferecer comunicações de eventos duplex (mão dupla) em um fluxo TCP. Costuma ser usado para comunicações orientadas a eventos entre um navegador e um servidor web, e é suportado pelas últimas versões dos navegadores;

- Filas de mensagens hospedadas baseadas na nuvem, como o Amazon Simple Queue Service, são uma opção cada vez mais popular para transmitir e receber eventos. Uma fila de mensagens é uma forma de realizar comunicações entre processos através do envio de mensagens que podem ser recebidas por um único processo ou um grupo de processos. O benefício de ser um serviço hospedado é que sua empresa não precisa se esforçar para garantir que ele esteja hospedado com segurança;

- Há bons transportadores de mensagens ou filas de mensagens de código aberto, como as implementações Aeron, ZeroMQ e AMPQ. Muitos desses projetos de código aberto evitam o aprisionamento tecnológico, apesar de poderem limitar sua opção de cliente a algo que possa interagir com uma fila de mensagens. Por exemplo, não seriam adequados se seu cliente fosse um navegador web.

Essa lista não está completa e, como você pode ver, diferentes tecnologias têm diferentes recompensas e casos de uso. Para seu próprio programa, pode ser o caso de você escolher uma dessas tecnologias. Posteriormente, você decide que não é a escolha certa e quer outra. Pode acontecer de querer escolher diferentes tipos de tecnologias de comunicação para diferentes tipos de clientes conectados. De qualquer forma, tomar essa decisão no início do projeto e ser forçado a conviver com ela para sempre não é uma boa decisão de arquitetura. Mais à frente neste capítulo, veremos como é possível abstrair essa opção arquitetônica para evitar uma péssima decisão precipitada.

Pode até ser o caso de você querer combinar diferentes abordagens de comunicação; por exemplo, usando diferentes abordagens de comunicação para diferentes tipos de cliente. A Figura 6-4 demonstra o uso do WebSockets para se comunicar com um site e as notificações por push do Android para seu aplicativo de celular Android.

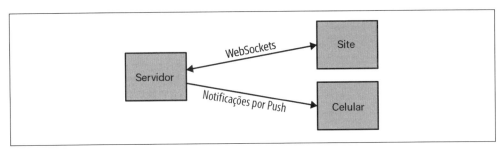

Figura 6-4. Diferentes abordagens de comunicação

GUI

Associar a escolha de tecnologia de comunicação IU ou sua IU à principal lógica comercial no servidor também tem muitas outras desvantagens:

- Sua testagem é lenta e difícil. Todo teste precisaria verificar o sistema publicando e inscrevendo-se em eventos executados paralelamente ao servidor principal;
- Viola o Single Responsibility Principle sobre o qual falamos no Capítulo 2;
- Presume que teremos uma IU como nosso cliente. A princípio, pode ser uma hipótese boa para o Twootr, mas no glorioso futuro podemos querer oferecer chat bots interativos e artificialmente inteligentes para ajudar a resolver problemas dos usuários. Ou ao menos twootar GIFs de gatos!

A conclusão é que seria prudente inserir alguma abstração para dissociar o envio de mensagens de nossa IU da lógica comercial central. Precisamos de uma interface através da qual podemos enviar mensagens ao cliente e outra para receber mensagens do cliente.

Persistência

Existem preocupações semelhantes do outro lado da aplicação. Como devemos armazenar os dados do Twootr? Temos muitas opções:

- Arquivos de texto simples que possamos indexar e pesquisar sozinhos. É fácil ver o que foi registrado e evita a dependência de outra aplicação;
- Uma base de dados SQL tradicional. É bem testada e compreendida, com vasto suporte a consultas;
- Uma base de dados NoSQL. Há diversas bases de dados diferentes aqui com diferentes casos de uso, linguagens de consulta e modelos de armazenamento de dados.

Não sabemos bem qual escolher no início de nosso projeto de software e nossas necessidades podem mudar com o tempo. Queremos muito dissociar nossa opção de armazenamento back-end do restante da aplicação. Há similaridade entre essas diferentes questões, pois ambas querem evitar associar-se a uma tecnologia específica.

A Arquitetura Hexagonal

Na verdade, há um nome para um estilo arquitetônico mais geral aqui que nos ajuda a resolver o problema. Chama-se *Portas e Adaptadores,* ou arquitetura *Hexagonal*, e foi apresentada por Alister Cockburn. A ideia, mostrada na Figura 6-5, é que o centro de sua aplicação seja a lógica comercial que você está escrevendo e você quer manter diferentes opções de implementação separadas dessa lógica central.

Sempre que tiver uma preocupação específica da tecnologia e quiser dissociá-la do centro de sua lógica comercial, você insere uma *porta*. Eventos do mundo exterior chegam e saem do centro de sua lógica comercial através de uma porta. *Adaptador* é o código de implementação específica da tecnologia ligado à porta. Por exemplo, podemos ter uma porta para publicar e inscrever-se em eventos IU e um adaptador WebSocket que conversa com um navegador web.

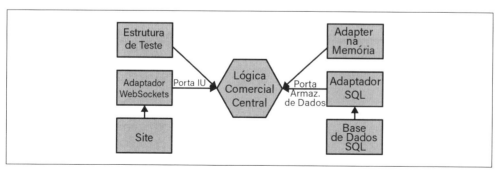

Figura 6-5. Arquitetura hexagonal

Há outros componentes em um sistema para os quais você pode querer criar uma abstração da porta e do adaptador. Algo que pode ser relevante para uma implementação Twootr ampliada é um sistema de notificação. Informar aos usuários que eles têm muitos twoots que poderiam interessá-los em fazer login e ver, seria uma porta. Você pode querer implementar isso com um adaptador para e-mail ou mensagens de texto.

Outra porta de exemplo que vem à mente são os serviços de autenticação. Você pode querer começar com um adaptador que apenas armazena nomes de usuário e senhas, substituindo-o depois por um OAuth de back-end ou ligando-o a algum outro sistema. Na implementação do Twootr que este capítulo descreve não chegamos ao ponto de abstrair a autenticação, porque nossos requisitos e reflexões iniciais não levantaram nenhum bom motivo para queremos adaptadores de autenticação diferentes por enquanto.

Você pode estar imaginando como separar o que deveria ser uma porta e o que deveria ser parte do domínio central. Em um extremo, você pode ter centenas ou até milhares de portas em sua aplicação e quase tudo pode ser abstraído do domínio central. No outro, pode não ter nenhuma. A decisão de onde sua aplicação deve estar nessa escala móvel é questão de julgamento pessoal e circunstância: não há regras.

Um bom princípio para ajudá-lo a decidir pode ser pensar que qualquer coisa que seja essencial ao problema comercial que está resolvendo fique no centro da aplicação e qualquer coisa específica da tecnologia ou que envolva a comunicação com o mundo externo fique fora da aplicação central. Foi o princípio que usamos nesta aplicação. Então, a lógica comercial é parte de nosso domínio central, mas a responsabilidade pela persistência e a comunicação orientada a eventos com a IU ficam atrás de portas.

Por Onde Começar

Poderíamos continuar descrevendo o design de forma cada vez mais detalhada neste estágio, desenhando diagramas mais elaborados e decidindo quais funcionalidades deveriam estar em qual classe. Jamais acreditamos que fosse uma abordagem incrivelmente produtiva na escrita de softwares. Isso tende a resultar em muitas suposições e decisões de design colocadas em caixinhas em um diagrama de arquitetura que acaba não sendo tão pequeno. Mergulhar direto na codificação sem refletir no design como um todo dificilmente resulta no melhor software também. O desenvolvimento de software precisa de um *design antecipado suficiente* para evitar que caia no caos, mas a arquitetura sem codificar bit suficientes para torná-la real pode tornar-se rapidamente improdutiva e irreal.

A abordagem de antecipar todo seu trabalho de design ao começar a escrever o código chama-se *Big Design Up Front* [Grande Design Antecipado] ou *BDUF*. BDUF costuma ser comparado às metodologias de desenvolvimento Agile, ou iterativas, que se popularizaram nos últimos 10–20 anos. Como acreditamos que as abordagens iterativas são mais eficientes, descrevemos o processo de design nas próximas seções de forma iterativa.

No capítulo anterior você viu uma introdução ao TDD (desenvolvimento orientado a testes), então já deve estar familiarizado com o fato de que é uma boa ideia começar a escrever seu projeto com uma classe de teste, TwootrTest. Começaremos com um teste de que nosso usuário consegue fazer login: shouldBeAbleToAuthenticateUser(). Nesse teste, um usuário fará login e será autenticado corretamente. Um esqueleto desse método pode ser visto no Exemplo 6-1.

Exemplo 6-1. Esqueleto para shouldBeAbleToAuthenticateUser()

```
@Test
public void shouldBeAbleToAuthenticateUser()
{
    // receive logon message for valid user

    // logon method returns new endpoint.

    // assert that endpoint is valid
}
```

A fim de implementar o teste, precisamos criar uma classe Twootr e ter um meio de modelar o evento de login. Por questão de convenção, neste módulo qualquer método que corresponda a um evento acontecendo terá o prefixo on. Então, por exemplo, criaremos um método aqui chamado onLogon. Mas qual a assinatura desse método, quais informações ele precisa ter como parâmetros e com o que ele deve responder?

Já tomamos uma decisão arquitetônica de separar nossa camada de comunicações IU com uma porta. Aqui precisamos tomar uma decisão de como definir a API. Precisamos de uma forma de enviar eventos a um usuário; por exemplo, que outra pessoa que o usuário segue twootou. Também precisamos de uma forma de receber eventos de determinado usuário. No Java, podemos apenas usar uma chamada de método para representar os eventos. Então, sempre que um adaptador IU quiser publicar um evento no Twootr, ele chamará um método em algum objeto que o sistema central possui. Sempre que o Twootr quiser publicar um evento, chamará um método de propriedade do adaptador.

Mas o objetivo das portas e dos adaptadores é que dissociamos o centro de uma implementação do adaptador específica. Isso significa que precisamos de alguma forma de abstrair os diferentes adaptadores — uma interface. Poderíamos ter optado por usar uma classe abstrata nesse momento. Teria funcionado, mas as interfaces são mais flexíveis porque as classes do adaptador podem implementar mais de uma interface. Além disso, ao usar uma interface, estamos desencorajando nosso futuro eu de cair na terrível tentação de incluir algum estado na API. Isso é ruim porque diferentes implementações do adaptador podem querer representar seu estado interno de forma diferente, então colocar o estado na API pode gerar acoplamento.

Não precisamos usar uma interface para o objeto onde eventos de usuário são publicados, pois haverá apenas uma única implementação no centro; só podemos usar uma classe comum. Você pode ver como fica sua abordagem na Figura 6-6. Claro que precisamos de um nome ou um par de nomes a fim de representar essa API para enviar e receber eventos. Há muitas opções aqui; na prática, qualquer coisa que deixe claro que são APIs para enviar e receber eventos serve.

Escolhemos `SenderEndPoint` para a classe que envia eventos ao centro e `ReceiverEndPoint` para a interface que recebe os eventos. Poderíamos até inverter as designações de envio e recebimento para trabalhar da perspectiva do usuário ou do adaptador. Essa ordem tem a vantagem de nos fazer pensar primeiro no centro, depois nos adaptadores.

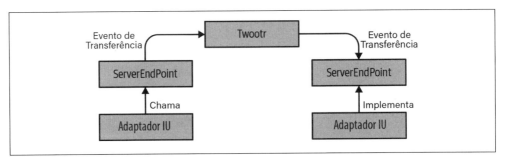

Figura 6-6. Eventos a codificar

Agora que sabemos o caminho que adotaremos, podemos escrever o teste `shouldBeAbleToAuthenticateUser()`. Ele só precisa testar se, quando fazemos login no sistema com um nome de usuário válido, o usuário é autenticado. O que significa fazer login aqui? Bem, queremos retornar um objeto `SenderEndPoint` válido, pois é o objeto retornado à IU para representar o usuário que acabou de fazer login. Precisamos, então, incluir um método em nossa classe Twootr a fim de representar o acontecimento do evento de logon e permitir que o teste compile. A assinatura de nossa implementação aparece no Exemplo 6-2. Como o TDD nos encoraja a fazer as implementações mínimas funcionarem para que um teste passe e desenvolva a implementação, apenas instanciaremos o objeto `SenderEndPoint` e vamos retorná-lo de nosso método.

Exemplo 6-2. Primeira assinatura onLogon

```
SenderEndPoint onLogon(String userId, ReceiverEndPoint receiver);
```

Agora que temos uma bela barra verde, precisamos escrever outro teste: shouldNotAuthenticateUnknownUser(). Isso garantirá que não permitiremos que um usuário desconhecido faça login no sistema. Ao escrever esse teste, surge um problema interessante. Como modelamos o cenário de falha aqui? Não queremos retornar um SenderEndPoint aqui, mas precisamos de uma forma de indicar à nossa IU que o logon falhou. Uma abordagem seria usar exceções, que descrevemos no Capítulo 3.

As exceções podem funcionar aqui, mas provavelmente seria um certo abuso do conceito. Falhar no logon não é necessariamente um cenário excepcional, é algo que acontece o tempo todo. As pessoas erram o nome de usuário, a senha e podem às vezes até acessar o site errado! Uma abordagem alternativa, e comum, seria retornar SenderEndPoint se o logon acontecer e retornar null se falhar, mas é ruim por diversos motivos:

- Se outro desenvolvedor usar o valor sem verificar que não é null, ele receberá uma NullPointerException. Esses bugs são erros incrivelmente comuns que os desenvolvedores Java cometem;
- Não há suporte durante a compilação para ajudar a evitar esse tipo de problema. Ele se limita à execução;
- Não há como distinguir a partir da assinatura de um método se está deliberadamente retornando um valor null para modelar a falha ou se é apenas um bug no código.

Uma abordagem melhor que pode ajudar aqui é usar o tipo de dados Optional. Ele foi introduzido no Java 8 e modela valores que podem estar presentes ou não. É um tipo genérico e pode ser considerado uma caixa onde um valor pode ou não estar escondido — uma coleção com apenas um valor ou nenhum. Usar Optional como um tipo de retorno deixa explícito o que acontece quando o método falha em retornar seu valor, ele retorna o Optional vazio. Falaremos sobre como criar e usar o tipo Optional ao longo deste capítulo. Agora, vamos refatorar nosso método onLogon para ter a assinatura no Exemplo 6-3.

Exemplo 6-3. Segunda assinatura onLogon

```
Optional<SenderEndPoint> onLogon(String userId, ReceiverEndPoint receiver);
```

Precisamos também modificar o teste shouldBeAbleToAuthenticateUser() para garantir que ele verifique se o valor Optional está presente. Nosso próximo teste é shouldNotAuthenticateUserWithWrongPassword() e aparece no Exemplo 6-4. Esse teste garante que o usuário que está fazendo login tenha a senha correta para que o logon funcione. Significa que nosso método onLogon() precisa não somente armazenar os nomes de nossos usuários, mas também suas senhas em um Map.

Exemplo 6-4. shouldNotAuthenticateUserWithWrongPassword

```
@Test
public void shouldNotAuthenticateUserWithWrongPassword()
{
    final Optional<SenderEndPoint> endPoint = twootr.onLogon(
        TestData.USER_ID, "bad password", receiverEndPoint);

    assertFalse(endPoint.isPresent());
}
```

Uma abordagem simples para armazenar os dados nesse caso teria sido usar `Map<String, String>`, em que a chave é a ID de usuário e o valor é a senha. Na verdade, o conceito de um usuário é importante para nosso domínio. Temos históricos referentes aos usuários e boa parte da funcionalidade do sistema se relaciona aos usuários falando uns com os outros. É hora de uma classe de domínio `User` ser adicionada à nossa implementação. Nossa estrutura de dados será modificada para `Map<String, User>`, na qual a chave é a ID de usuário e o valor é o objeto `User` para o usuário em questão.

Uma crítica comum ao TDD é que ele desencoraja o design do software, que o leva a apenas escrever testes, você acaba com um modelo de domínio anêmico e precisa simplesmente reescrever sua implementação em algum momento. Por *modelo de domínio anêmico* queremos dizer onde os objetos de domínio não possuem muita lógica comercial e fica tudo espalhado em diferentes métodos em um estilo processual. De fato, é uma crítica justa do modo como o TDD pode às vezes ser praticado. Encontrar o momento certo para incluir uma classe de domínio ou tornar algum conceito real no código é sutil. Mas, se o conceito for algo a que o histórico do seu usuário sempre se refere, você deve realmente ter alguma coisa representando-o em seu domínio de problema.

Há alguns antipadrões claros que você pode detectar. Por exemplo, se construiu diferentes estruturas de pesquisa com a mesma chave, que adiciona ao mesmo tempo, mas se relaciona a valores diferentes, então falta uma classe de domínio. Então, se rastreamos um conjunto de seguidores e a senha para nosso usuário, e temos dois objetos `Map` da ID de usuário, um nos seguidores e outro na senha, então está faltando um conceito no domínio do problema. Introduzimos nossa classe `User` aqui com apenas um valor que nos importava, a senha, mas um entendimento do domínio do problema nos diz que os usuários são importantes, então não estávamos sendo muito prematuros.

A partir deste ponto no capítulo usaremos a palavra "user" para representar o conceito genérico de um usuário e a estilizada `User` para representar a classe de domínio. Do mesmo modo, usamos Twootr para nos referir ao sistema inteiro e `Twootr` para nos referir à classe que estamos desenvolvendo.

Senhas e Segurança

Até aqui evitamos falar sobre segurança. Na verdade, não falar sobre preocupações de segurança e esperar que elas simplesmente sumam é a estratégia de segurança preferida dos setores de tecnologia. Explicar como escrever um código seguro não é o objetivo primário, nem secundário, deste livro; entretanto, o Twootr usa e armazena senhas para a autenticação, então vale a pena pensar um pouco sobre esse tópico.

A abordagem mais simples para armazenar senhas é tratá-las como outra String, conhecida como armazená-las como *texto simples*. É uma prática ruim no geral, pois significa que qualquer um que tenha acesso à sua base de dados terá acesso às senhas de todos os usuários. Uma pessoa ou uma organização maliciosa pode usar, e muitas vezes o faz, senhas em texto simples para logar no sistema e fingir ser os usuários. Além disso, muitas pessoas usam a mesma senha para diversos serviços diferentes. Se não acredita em nós, pergunte a seus parentes idosos!

Para evitar que qualquer um com acesso à sua base de dados simplesmente leia as senhas, você pode aplicar uma *função hash criptográfica* na senha. É uma função que pega uma string de entrada de tamanho arbitrário e a converte em uma saída, chamada *digest*. As funções hash criptográficas são deterministas, então se quiser fazer hash na mesma entrada novamente poderá conseguir o mesmo resultado. Isso é essencial para verificar a senha com hash depois. Outra propriedade-chave é que, ao passo que deve ser rápido ir da entrada para o digest, a função reversa deve demorar ou usar tanta memória que é impraticável que um invasor reverta o digest.

O design das funções hash criptográficas é um tópico de pesquisa ativo no qual governos e empresas gastam muito dinheiro. São difíceis de implementar corretamente, então você nunca deve escrever o seu próprio; o Twootr usa uma biblioteca Java consagrada chamada Bouncy Castle. Ela é de código aberto e já passou por uma grande revisão feita por outros colegas. O Twootr usa a função hash *Scrypt*, que é um algoritmo moderno designado especificamente para armazenar senhas. O Exemplo 6-5 mostra o código.

Exemplo 6-5. KeyGenerator

```java
class KeyGenerator {
    private static final int SCRYPT_COST = 16384;
    private static final int SCRYPT_BLOCK_SIZE = 8;
    private static final int SCRYPT_PARALLELISM = 1;
    private static final int KEY_LENGTH = 20;

    private static final int SALT_LENGTH = 16;

    private static final SecureRandom secureRandom = new SecureRandom();

    static byte[] hash(final String password, final byte[] salt) {
        final byte[] passwordBytes = password.getBytes(UTF_16);
        return SCrypt.generate(
```

```java
            passwordBytes,
            salt,
            SCRYPT_COST,
            SCRYPT_BLOCK_SIZE,
            SCRYPT_PARALLELISM,
            KEY_LENGTH);
    }

    static byte[] newSalt() {
        final byte[] salt = new byte[SALT_LENGTH];
        secureRandom.nextBytes(salt);
        return salt;
    }
}
```

Um problema que muitos esquemas de hash têm é que, apesar de serem muito caros de computar, pode ser viável computar uma reversão da função hash através da quebra de todas as chaves até determinado tamanho ou por meio de uma tabela rainbow. Para evitar essa possibilidade, usamos um salt. *Salts* são entradas extras geradas aleatoriamente e incluídas em uma função hash criptográfica. Ao adicionar entradas extras em cada senha que o usuário não inseriria, mas é aleatoriamente gerada, impedimos que alguém seja capaz de criar uma pesquisa reversa da função hash. Seria preciso conhecer a função hash e salt.

Agora, mencionamos alguns conceitos básicos de segurança aqui em torno da ideia de armazenar senhas. Na verdade, manter um sistema seguro é um esforço contínuo. Você não precisa somente se preocupar com a segurança dos dados em repouso, mas também com os dados em curso. Quando alguém conecta seu servidor a partir de um cliente, ele precisa transmitir a senha do usuário em uma conexão de rede. Se um invasor malicioso interceptar essa conexão, poderá pegar uma cópia da senha e usá-la para fazer a coisa mais covarde possível em 140 caracteres!

No caso do Twootr, recebemos uma mensagem de login via WebSockets. Isso significa que, para nossa aplicação ser segura, a conexão WebSocket precisa ser segura contra um ataque de intermediário. Há diversas formas de fazer isso; a mais comum e simples é usar *Transport Layer Security* (TLS), que é um protocolo criptográfico que busca oferecer privacidade e integridade dos dados enviados através de sua conexão.

Organizações com uma compreensão madura de segurança criam revisões e análises regulares no design de seu software. Por exemplo, periodicamente eles podem trazer consultores externos ou uma equipe interna para tentar entrar nas defesas de segurança de um sistema fazendo o papel de um invasor.

Seguidores e Twoots

O próximo requisito que precisamos atender são os usuários seguidores. Você pode pensar em duas formas de projetar o software. Uma dessas abordagens, chamada *bottom-up*, começa projetando o centro da aplicação — modelos de armazenamento de dados ou relacionamentos entre objetos de domínio centrais — e progride construindo a funcionalidade do sistema. Uma forma bottom-up de ver como os usuários seguem uns aos outros seria decidir como modelar o relacionamento entre os seguidores. É obviamente um relacionamento de muitos para muitos, já que cada usuário tem a possibilidade de ter muitos seguidores e também de seguir muitos outros usuários. Então, você colocaria sobre esse modelo de dados a funcionalidade comercial necessária para manter os usuários felizes.

A outra abordagem é a *top-down* para o desenvolvimento de softwares. Ela começa com os requisitos de usuário ou os históricos e tenta desenvolver o comportamento ou a funcionalidade necessária para implementar esses históricos, indo lentamente até as preocupações de armazenamento ou modelagem de dados. Por exemplo, começaríamos com a API para receber um evento para seguir outro usuário e planejaríamos o mecanismo de armazenamento necessário para esse comportamento, trabalhando lentamente a partir da API até a lógica comercial e a persistência.

É difícil dizer que uma abordagem é melhor em todas as circunstâncias e que a outra deve sempre ser evitada; porém, para o tipo de aplicação comercial para o qual o Java é muito popular, segundo nossa experiência, é que a abordagem top-down funciona melhor. Quando você começa com a modelagem de dados ou o planejamento do domínio central de seu software é uma tentação passar um tempo desnecessário em recursos irrelevantes para o funcionamento do software. A desvantagem de uma abordagem top-down é que, às vezes, conforme você constrói mais requisitos e históricos, seu design inicial pode ser insatisfatório. Isso significa que você precisa adotar uma abordagem vigilante e iterativa no design de softwares, melhorando constantemente ao longo do tempo.

Neste capítulo do livro vamos lhe mostrar uma abordagem top-down. Isso significa que começaremos com um teste para provar a funcionalidade dos usuários seguidores, mostrada no Exemplo 6-6. Nesse caso, nossa IU nos enviará um evento para indicar que um usuário quer seguir outro usuário, portanto, nosso teste chamará o método `onFollow` de nosso ponto final com a ID única do usuário a seguir como argumento. Claro, esse método não existe ainda, então precisamos declará-lo na classe `Twootr` para fazer o código compilar.

Modelando Erros

O teste no Exemplo 6-6 cobre apenas o caminho dourado da operação do seguidor, então precisamos garantir que ela tenha sucesso.

Exemplo 6-6. shouldFollowValidUser

```
@Test
public void shouldFollowValidUser()
{
    logon();
```

```java
final FollowStatus followStatus = endPoint.onFollow(TestData.OTHER_USER_ID);

assertEquals(SUCCESS, followStatus);
}
```

Por enquanto só temos um cenário de sucesso, mas há outros cenários possíveis a considerar. E se a ID de usuário passada como argumento não corresponder a um usuário real? E se o usuário já estiver seguindo o usuário que ele pediu para seguir? Precisamos de uma forma de modelar os diferentes resultados ou status que esse método pode retornar. Como em tudo na vida, há muitas escolhas diferentes que podemos fazer. Decisões, decisões, decisões...

Uma abordagem seria gerar uma exceção quando a operação retorna e void quando tem sucesso. Pode ser uma opção totalmente plausível. Ela pode não se enquadrar em nossa ideia de que as exceções devem ser usadas apenas para fluxos de controle excepcional, no sentido de que uma IU bem planejada evitaria esses cenários surgindo sob circunstâncias normais. Consideraremos algumas alternativas que ameaçam o status como valor, em vez de usar quaisquer exceções.

Uma abordagem simples seria usar um valor `boolean`, ou seja, `true` para indicar sucesso e `false` para indicar falha. É uma boa opção em situações em que uma operação pode obter sucesso ou falhar, e ela falharia apenas por um único motivo. O problema da abordagem `boolean` em situações com múltiplos cenários de falha é que você não sabe *por que* ela falhou.

Uma alternativa seria usar valores constantes `int` simples para representar cada um dos diferentes cenários de falha, mas, como discutido no Capítulo 3 ao apresentar o conceito de exceções, essa é uma abordagem suscetível a erros, sem segurança do tipo e com má legibilidade + manteneabilidade. Há uma possibilidade aqui para os status com segurança do tipo e oferece melhor documentação: tipos *enum*. `Enum` é uma lista de alternativas constantes predefinidas que constituem um tipo válido. Então, em qualquer lugar que você possa usa `interface` ou `class`, poderá usar `enum`.

Mas os enums são melhores que os códigos de status baseados em `int` de diversas formas. Se um método retorna um `int`, você não sabe necessariamente quais valores o `int` poderia conter. É possível inserir javadoc para descrever quais valores podem assumir, assim como definir constantes (campos finais estáticos), mas na verdade isso apenas doura a pílula. Os enums podem conter apenas a lista de valores que são definidos pela declaração `enum`. Os enums no Java podem também ter campos de instância e métodos definidos a fim de adicionar funcionalidades úteis, apesar de não usarmos esse recurso neste caso. Você pode ver a declaração de nosso status de seguidor no Exemplo 6-7.

Exemplo 6-7. FollowStatus

```java
public enum FollowStatus {
    SUCCESS,
    INVALID_USER,
    ALREADY_FOLLOWING
}
```

Como o TDD nos orienta a escrever a implementação mais simples para fazer o teste passar, o método `onFollow` nesse ponto deveria apenas retornar o valor `SUCCESS`.

Temos alguns cenários diferentes sobre os quais pensar para nossa operação `following()`. O Exemplo 6-8 mostra o teste que orienta nosso pensamento em torno de usuários duplicados. A fim de implementá-lo, precisamos incluir um conjunto de IDs de usuário em nossa classe `User` para representar o conjunto de usuários que tal usuário está seguindo e garantir que a adição de outro usuário não seja uma duplicação. Isso é muito fácil com a API de coleções do Java. Já existe uma interface `Set` que define elementos únicos e o método `add` retornará `false` se o elemento que você está tentando incluir já for um membro de `Set`.

Exemplo 6-8. shouldNotDuplicateFollowValidUser

```java
    @Test
    public void shouldNotDuplicateFollowValidUser()
    {
        logon();

        endPoint.onFollow(TestData.OTHER_USER_ID);

        final FollowStatus followStatus = endPoint.onFollow(TestData.OTHER_USER_ID);
        assertEquals(ALREADY_FOLLOWING, followStatus);
    }
```

O teste `shouldNotFollowInValidUser()` avalia se o usuário não é válido, então o status do resultado indicará isso e segue um formato similar para `shouldNotDuplicateFollow ValidUser()`.

Twootando

Agora que temos a base, iremos para a parte empolgante do produto — twootar! Nosso histórico de usuário descreveu como um usuário poderia enviar um twoot e que quaisquer usuários logados no momento deveriam ver o twoot imediatamente. Agora não conseguimos ver de forma realista se os usuários verão o twoot imediatamente. Talvez eles estejam logados no computador, mas estejam tomando café, olhando outra rede social ou, Deus tenha misericórdia, trabalhando.

Provavelmente você já está familiarizado com a abordagem geral. Queremos escrever um teste para um cenário onde o usuário logado receba um twoot de outro usuário que envia o twoot — `shouldReceiveTwootsFromFollowedUser()`. Além de logar e seguir, o teste exige mais alguns conceitos. Primeiro, precisamos modelar o envio de um twoot e incluir um método `onSendTwoot()` no `SenderEndPoint`. É um parâmetro para a `id` do twoot, para que possamos consultá-la depois, e também seu conteúdo.

Segundo, precisamos de uma forma de notificar um seguidor que um usuário twootou, algo que possamos verificar que aconteceu em nosso teste. Introduzimos antes o `ReceiverEndPoint` como uma forma de publicar mensagens para os usuários, e agora é hora de começar a usá-lo. Adicionaremos um método `onTwoot`, resultando no Exemplo 6-9.

Exemplo 6-9. ReceiverEndPoint

```
public interface ReceiverEndPoint {
    void onTwoot(Twoot twoot);
}
```

Seja qual for nosso adaptador IU, ele terá que enviar uma mensagem à IU para informar que um twoot aconteceu. Mas a questão é: como escrever um teste que verifique se o método `onTwoot` foi chamado?

Criando Mocks

É aqui que o conceito de objeto *mock* revela-se útil. Objeto mock é um tipo de objeto que finge ser outro objeto. Ele possui os mesmos métodos e API pública do objeto sendo imitado e o sistema de tipos do Java o vê como se fosse outro objeto, mas não é. Seu propósito é registrar quaisquer alterações, por exemplo, chamadas de método, e ser capaz de *verificar* se determinada chamada do método acontece. Por exemplo, aqui queremos verificar se o método `onTwoot()` de `ReceiverEndPoint` foi chamado.

Pode parecer confuso para os formados em Ciências da Computação lendo este livro verem a palavra "verificar" sendo usada dessa forma. As comunidades matemáticas e de métodos formais tendem a usá-la no sentido de situações em que uma propriedade de um sistema foi provada para todas as entradas. O mocking usa a palavra de forma totalmente diferente. Ele busca apenas verificar se um método foi chamado com determinados argumentos. Às vezes, é frustrante quando diferentes grupos de pessoas usam a mesma palavra com significados sobrecarregados, mas geralmente precisamos apenas estar cientes dos diferentes contextos nos quais a terminologia existe.

Os objetos mock podem ser criados de diversas formas. Os primeiros objetos mock costumavam ser escritos à mão; poderíamos de fato escrever à mão uma implementação mock de `ReceiverEndPoint` aqui e o Exemplo 6-10 mostra como. Sempre que o método `onTwoot` é chamado, registramos isso armazenando o parâmetro `Twoot` em `List` e podemos verificar que foi chamado com determinados argumentos ao fazer uma afirmação de que `List` contém o objeto `Twoot`.

Exemplo 6-10. MockReceiverEndPoint

```java
public class MockReceiverEndPoint implements ReceiverEndPoint
{
    private final List<Twoot> receivedTwoots = new ArrayList<>();

    @Override
    public void onTwoot(final Twoot twoot)
    {
        receivedTwoots.add(twoot);
    }

    public void verifyOnTwoot(final Twoot twoot)
    {
        assertThat(
            receivedTwoots,
            contains(twoot));
    }
}
```

Na prática, escrever mocks à mão pode tornar-se tedioso e suscetível a erros. O que os bons engenheiros de software fazem com coisas tediosas e suscetíveis a erros? Isso mesmo — as automatizam. Há inúmeras bibliotecas que podem nos ajudar oferecendo formas de criar objetos mock. A biblioteca que utilizaremos neste projeto chama-se *Mockito*, é gratuita, de código aberto e comumente usada. A maioria das operações relacionadas à *Mockito* pode ser chamada usando métodos estáticos na classe `Mockito`, a qual usamos aqui como importações estáticas. Para criar o objeto mock, você precisa usar o método `mock`, como mostrado no Exemplo 6-11.

Exemplo 6-11. mockReceiverEndPoint

```java
    private final ReceiverEndPoint receiverEndPoint = mock(ReceiverEndPoint.class);
```

Verificando com Mocks

O objeto mock criado aqui pode ser usado sempre que uma implementação `ReceiverEndPoint` normal é usada. Podemos passá-lo como um parâmetro para o método `onLogon()`, por exemplo, para interconectar o adaptador IU. Assim que o comportamento em teste (a parte *quando* do teste) acontecer, nosso teste precisará verificar se o método `onTwoot` foi chamado (a parte *então*). Para tanto, incluímos o objeto mock usando o mé-

Seguidores e Twoots | 129

todo `Mockito.verify()`. É um método genético que retorna um objeto do mesmo tipo que foi passado; simplesmente chamamos o método em questão com os argumentos que esperamos a fim de descrever a interação esperada com o objeto mock, como mostrado no Exemplo 6-12.

Exemplo 6-12. verifyReceiverEndPoint

```
verify(receiverEndPoint).onTwoot(aTwootObject);
```

Algo que você pode ter notado na última seção é a introdução da classe `Twoot` que usamos na assinatura do método `onTwoot`. É um objeto de valor que será usado para incluir os valores e representar um `Twoot`. Como isso será enviado para o adaptador IU, deveria ser composto apenas por campos de valores simples, em vez de expor muito do domínio central. Por exemplo, para representar o remetente do twoot ele contém a `id` do remetente, não uma referência de seu objeto `User`. O `Twoot` também tem `content String` e a própria `id` do `Twoot`.

Nesse sistema, os objetos `Twoot` são imutáveis. Como mencionado anteriormente, este estilo reduz o escopo para bugs. Isso é especialmente importante em algo como um objeto de valor sendo passado para um adaptador IU. Você realmente quer apenas permitir que seu adaptador exiba o `Twoot`, não alterar o estado do `Twoot` de outro usuário. Também vale a pena notar que continuamos seguindo a linguagem de domínio aqui ao nomear a classe `Twoot`.

Bibliotecas Mocking

Estamos usando Mockito neste livro porque tem uma boa sintaxe e adequa-se à nossa forma preferida de escrever mocks, mas não é a única estrutura Java de mocking. Powermock e EasyMock também são populares.

A Powermock pode emular a sintaxe da Mockito, mas permite imitar coisas que a Mockito não suporta; por exemplo, classes final ou métodos estáticos. Há certa discussão sobre o fato de ser uma boa ideia imitar coisas como as classes final; se você não pode oferecer uma implementação diferente da classe em produção, então será que deveria realmente estar fazendo isso nos testes? Em geral, o uso da Powermock não é incentivado, mas pode haver situações de emergência nas quais seja útil.

A EasyMock adota uma abordagem diferente na escrita de mocks. É uma opção estilística e pode ser preferida por alguns desenvolvedores. A maior diferença conceitual é que a EasyMock incentiva o mocking restrito. Mocking restrito é a ideia de que, se você não declara explicitamente que uma chamada deve acontecer, então é um erro fazê-lo. Isso resulta em testes que são mais específicos acerca do comportamento que uma classe desempenha, mas às vezes pode se acoplar a interações irrelevantes.

SenderEndPoint

Agora métodos como onFollow e onSendTwoot estão declarados na classe SenderEndPoint. Cada instância SenderEndPoint representa o ponto final do qual um único usuário envia eventos no domínio central. Nosso design para o Twoot mantém o SenderEndPoint simples; ele só inclui a classe principal Twootr e delega aos métodos a passagem do objeto User para o usuário que representa dentro do sistema. O Exemplo 6-13 mostra a declaração geral da classe e um método correspondente a um evento — onFollow.

Exemplo 6-13. SenderEndPoint

```java
public class SenderEndPoint {
    private final User user;
    private final Twootr twootr;

    SenderEndPoint(final User user, final Twootr twootr) {
        Objects.requireNonNull(user, "user");
        Objects.requireNonNull(twootr, "twootr");

        this.user = user;
        this.twootr = twootr;
    }

    public FollowStatus onFollow(final String userIdToFollow) {
        Objects.requireNonNull(userIdToFollow, "userIdToFollow");

        return twootr.onFollow(user, userIdToFollow);
    }
}
```

Você pode ter percebido a classe java.util.Objects no Exemplo 6-13. É uma classe utilitária que vem com o próprio JDK e oferece métodos convenientes para a verificação da referência null e a implementação dos métodos hashCode() e equals().

Há designs alternativos que poderíamos considerar, em vez de introduzir SenderEndPoint. Poderíamos ter recebido eventos relacionados a um usuário apenas expondo os métodos diretamente no objeto Twootr e esperando que um adaptador IU chame esses métodos direto. É uma questão subjetiva, como muitas partes do desenvolvimento de software. Algumas pessoas considerariam a criação de SenderEndPoint como um aumento da complexidade desnecessária.

A maior motivação aqui é que, como dito antes, não queremos expor o objeto de domínio central User a um adaptador IU; falando com eles apenas em termos de eventos simples. Teria sido possível pegar uma ID de usuário como parâmetro para todos os métodos de evento Twootr, mas o primeiro passo para cada evento teria sido buscar o objeto User a partir da ID, enquanto aqui já o temos no contexto de SenderEndPoint. Esse design teria removido o conceito de SenderEndPoint, mas aumentado o trabalho e a complexidade.

Seguidores e Twoots | 131

Para realmente enviar o `Twoot`, precisamos evoluir um pouco nosso domínio central. O objeto `User` precisa ter um conjunto de seguidores incluídos, que podem ser notificados sobre quando chega o `Twoot`. Você pode ver o código de nosso método `onSendTwoot` quando ele é implementado neste estágio do design no Exemplo 6-14. Ele encontra os usuários que estão logados e lhes diz para receber o twoot. Se você não conhece os métodos `filter` e `forEach`, a sintaxe `::` ou `->`, não se preocupe, falaremos a respeito em "Programação Funcional" posteriormente.

Exemplo 6-14. onSendTwoot

```
void onSendTwoot(final String id, final User user, final String content)
{
    final String userId = user.getId();
    final Twoot twoot = new Twoot(id, userId, content);
    user.followers()
        .filter(User::isLoggedOn)
        .forEach(follower -> follower.receiveTwoot(twoot));
}
```

O objeto `User` também precisa implementar o método `receiveTwoot()`. Como `User` recebe um twoot? Bem, deveria notificar a IU do usuário informando que há um twoot pronto para ser exibido gerando um evento, o qual implica na chamada de `receiverEndPoint.onTwoot(twoot)`. É a chamada do método cuja invocação verificamos usando o código mocking e chamá-lo aqui faz o teste passar.

Você pode ver a iteração final de nosso teste no Exemplo 6-15; é o código visto ao baixar o projeto de exemplo de GitHub. Você pode notar que parece um pouco diferente do que descrevemos até aqui. Primeiro, conforme os testes de recebimento de twoots foram escritos, algumas operações foram refatoradas em métodos comuns. Um exemplo é `logon()`, que loga nosso primeiro usuário no sistema; parte desta seção de muitos testes. Segundo, o teste também cria um objeto `Position`, o passa para `Twoot` e também verifica a interação com `twootRepository`. O que é repositório? Ambos são conceitos que não precisamos até então, mas que fazem parte da evolução do design do sistema e serão explicados nas duas seções a seguir.

Exemplo 6-15. shouldReceiveTwootsFromFollowedUser

```
    @Test
    public void shouldReceiveTwootsFromFollowedUser()
    {
        final String id = "1";

        logon();

        endPoint.onFollow(TestData.OTHER_USER_ID);
```

```
        final SenderEndPoint otherEndPoint = otherLogon();
        otherEndPoint.onSendTwoot(id, TWOOT);

        verify(twootRepository).add(id, TestData.OTHER_USER_ID, TWOOT);
        verify(receiverEndPoint).onTwoot(new Twoot(id, TestData.OTHER_USER_ID,
 TWOOT, new Position(0)));
    }
```

Posições

Muito em breve você aprenderá sobre objetos Position, mas, antes de apresentar a definição, devemos conhecer sua motivação. O próximo requisito que precisamos fazer funcionar é que, quando um usuário faz login, ele deve ver todos os twoots de seus seguidores desde o último login. Isso implica na necessidade de ser capaz de reexibir os diferentes twoots e saber quais twoots não foram vistos quando um usuário faz login. O Exemplo 6-16 mostra um teste desta funcionalidade.

Exemplo 6-16. shouldReceiveReplayOfTwootsAfterLogoff

```
    @Test
    public void shouldReceiveReplayOfTwootsAfterLogoff()
    {
        final String id = "1";

        userFollowsOtherUser();

        final SenderEndPoint otherEndPoint = otherLogon();
        otherEndPoint.onSendTwoot(id, TWOOT);

        logon();

        verify(receiverEndPoint).onTwoot(twootAt(id, POSITION_1));
    }
```

Para implementar essa funcionalidade, nosso sistema precisa saber quais twoots foram enviados enquanto o usuário não estava logado. Há diversas formas diferentes de pensarmos o design desse recurso. Diferentes abordagens podem ter diferentes recompensas em termos de complexidade, exatidão e desempenho/escalabilidade da implementação. Como estamos apenas começando a construção do Twootr e não esperamos muitos usuários no início, concentrar-se em questões de escalabilidade não é nosso objetivo:

- Podemos rastrear o horário de cada twoot, o horário em que o usuário fez logoff e pesquisar os twoots entre esses horários;
- Podemos pensar nos twoots como um fluxo contínuo, no qual cada twoot tem uma posição dentro do fluxo e registra a posição quando o usuário faz logoff;
- Podemos usar as posições e registrar a posição do último twoot visto.

Posições | 133

Ao considerar os diferentes designs evitaríamos ordenar as mensagens por hora. É uma decisão que parece uma boa ideia. Suponhamos que armazenássemos a unidade de tempo em termos de milissegundos; o que acontece se recebermos dois twoots no mesmo intervalo de tempo? Não saberíamos a ordem entre eles. E se um twoot for recebido no mesmo milissegundo em que o usuário faz logoff?

Registrar os horários em que os usuários fazem logoff também é outro evento problemático. Pode funcionar se um usuário sempre faz logoff clicando explicitamente em um botão. Na prática, porém, é apenas uma forma entre muitas que ele pode usar ao parar de usar nossa IU. Talvez ele feche o navegador sem fazer logoff explicitamente ou talvez o navegador trave. O que acontece se ele conectar em dois navegadores diferentes e fizer logoff em apenas um? E se o celular ficar sem bateria ou fechar o aplicativo?

Decidimos que a abordagem mais segura para saber de onde reexibir os twoots seria atribuir posições aos twoots e armazenar essa posição até aquela que cada usuário viu. A fim de definir as posições, introduzimos um pequeno objeto de valor chamado `Position`, mostrado no Exemplo 6-17. Essa `class` também tem um valor constante para a posição inicial onde as streams estarão antes que a stream comece. Como todos os nossos valores da posição serão positivos, podemos usar qualquer negativo inteiro para a posição inicial: -1 foi escolhido aqui.

Exemplo 6-17. Position

```java
public class Position {
    /**
     * Position before any tweets have been seen
     */
    public static final Position INITIAL_POSITION = new Position(-1);

    private final int value;

    public Position(final int value) {
        this.value = value;
    }

    public int getValue() {
        return value;
    }

    @Override
    public String toString() {
        return "Position{" +
            "value=" + value
            + '}';
    }

    @Override
    public boolean equals(final Object o) {
        if (this == o) return true;
        if (o == null || getClass() != o.getClass()) return false;
```

```java
        final Position position = (Position) o;

        return value == position.value;
    }

    @Override
    public int hashCode() {
        return value;
    }

    public Position next() {
        return new Position(value + 1);
    }
}
```

Essa classe parece um pouco complexa, não é? Neste ponto em sua programação você pode perguntar-se: Por que tenho métodos equals() e hashCode() definidos nela, em vez de simplesmente deixar o Java cuidar deles para mim? O que é um *objeto de valor*? Por que estou fazendo tantas perguntas? Não se preocupe, acabamos de apresentar um tópico novo e logo responderemos às suas perguntas. Costuma ser bastante conveniente inserir pequenos objetos que representam valores que são compostos de campos ou dão um nome de domínio relevante a algum valor numérico. Nossa classe Position é um exemplo; outro poderia ser a classe Point que você vê no Exemplo 6-18.

Exemplo 6-18. Point

```java
class Point {
    private final int x;
    private final int y;

    Point(final int x, final int y) {
        this.x = x;
        this.y = y;
    }

    int getX() {
        return x;
    }

    int getY() {
        return y;
    }
```

Point tem coordenadas x e y, enquanto Position tem apenas um valor. Definimos os campos na classe e os getters para esses campos.

Métodos equals e hashcode

Se quisermos comparar dois objetos definidos assim com o mesmo valor, descobriremos que não são tão iguais quanto gostaríamos. O Exemplo 6-19 mostra isso; por padrão, os métodos equals() e hashCode() que você herda de java.lang.Object são definidos para usar um conceito de igualdade de referência. Isso significa que, se você tem dois objetos diferentes localizados em lugares diferentes na memória do seu computador, então não são iguais, mesmo que todos os valores de campo sejam iguais. Isso pode gerar muitos bugs sutis em seu programa.

Exemplo 6-19. Os objetos Point não são iguais, quando deveriam ser

```java
final Point p1 = new Point(1, 2);
final Point p2 = new Point(1, 2);
System.out.println(p1 == p2); // prints false
```

Costuma ser útil pensar em termos de dois tipos de objeto diferentes (*objetos de referência* e *objetos de valor*) com base em qual é sua noção de igualdade. No Java podemos anular o método `equals()` para definir nossa própria implementação que usa os campos considerados relevantes para a igualdade de valor. Uma implementação de exemplo aparece no Exemplo 6-20 para a classe `Point`. Verificamos que o objeto que estamos recebendo é do mesmo tipo, então checamos se cada um dos campos é igual.

Exemplo 6-20. Definição de igualdade Point

```java
    @Override
    public boolean equals(final Object o) {
        if (this == o) return true;
        if (o == null || getClass() != o.getClass()) return false;

        final Point point = (Point) o;

        if (x != point.x) return false;
        return y == point.y;
    }

    @Override
    public int hashCode() {
        int result = x;
        result = 31 * result + y;
        return result;
    }

final Point p1 = new Point(1, 2);
final Point p2 = new Point(1, 2);
System.out.println(p1.equals(p2)); // prints true
```

Contrato Entre equals e hashCode

No Exemplo 6-20, não apenas anulamos o método `equals()`, como também o método `hashCode()`. Isso deve-se ao *contrato entre equals/hashcode* do Java. Ele afirma que, se temos dois objetos iguais segundo seu método `equals()`, eles também têm o mesmo resultado `hashCode()`. Diversas APIs centrais do Java usam o método `hashCode()`, especialmente implementações de coleções como HashMap e HashSet. Elas dependem desse contrato ser verdadeiro, e você descobrirá que não se comportam como o esperado se não for. Então, como implementar corretamente o hashCode()?

Boas implementações hashcode não só seguem o contrato, como também produzem valores hashcode que são espalhados igualmente pelos inteiros. Isso ajuda a melhorar a eficiência das implementações HashMap e HashSet. Para atingir esses dois objetivos, temos regras simples que se você seguir resultará em uma boa implementação hashCode():

1. Crie uma variável result e atribua a ela um número primo;
2. Pegue cada campo usado pelo método equals() e calcule um valor int para representar o hashcode do campo;
3. Combine o hashcode do campo com o resultado existente multiplicando o resultado anterior por um número primo; por exemplo, result = 41 * result + hash codeOfField.

Para calcular o hashcode de cada campo, é preciso distinguir segundo o tipo de campo em questão:

- Se o campo for um valor primitivo, use o método hashCode() oferecido em sua classe de acompanhamento. Por exemplo, se for double, use Double.hashCode();
- Se for um objeto não nulo, apenas chame seu método hashCode() ou use 0. Isso pode ser abreviado com o método java.lang.Objects.hashCode();
- Se for um array, você precisa combinar os valores hashCode() de cada um de seus elementos usando as mesmas regras descritas aqui. Os métodos java.util.Arrays.hashCode() podem ser usados para fazer isso.

Na maioria dos casos você não precisará escrever os métodos equals() e hashCode(). As IDEs modernas do Java farão isso. Mas ainda é útil entender os princípios e motivos por trás do código gerado. É muito importante revisar um par de métodos equals() e hashCode() que você vê no código e saber se foram bem ou mal implementados.

Conversamos um pouco nesta seção sobre objetos de valor, mas uma versão futura do Java deve incluir *classes em linha*. Elas estão em fase de protótipo no Projeto Valhalla. A ideia por trás das classes em linha é oferecer um caminho bastante eficiente de implementar estruturas de dados que parecem valores. Você ainda poderá codificar com elas, como faz com uma classe normal, mas elas gerarão métodos hashCode() e equals() corretos, usarão menos memória e, em muitos casos de uso, serão mais rápidas para programar.

Ao implementar esse recurso precisamos associar `Position` a cada `Twoot`, então incluímos um campo na classe `Twoot`. Também precisamos registrar a `Position` vista pela última vez do usuário, então adicionamos `lastSeenPosition` a `User`. Quando um `User` recebe um `Twoot`, ele atualiza sua posição e, quando um `User` faz login, ele emite os twoots que o usuário não viu. Portanto, não precisam ser incluídos novos eventos em `SenderEndPoint` ou `ReceiverEndPoint`. Reexibir os twoots também exige que armazenemos os objetos `Twoot` em algum lugar; inicialmente, usamos apenas uma `List` do JDK. Agora nossos usuários não precisam estar logados no sistema o tempo todo para desfrutar do Twootr, o que é maravilhoso.

Conclusões

- Você aprendeu ideias gerais de arquitetura, como estilos de comunicação;
- Desenvolveu a capacidade de dissociar a lógica de domínio das opções de biblioteca e estrutura;
- Orientou o desenvolvimento do código neste capítulo com testes de fora para dentro;
- Aplicou habilidades de modelagem de domínio orientadas a objeto em um projeto maior.

Iterando

Se quiser ampliar e consolidar o conhecimento desta seção você pode tentar uma destas atividades:

- Teste o Kata com mudança de linha;
- Sem ler o próximo capítulo, faça uma lista de coisas que precisam ser implementadas para que o Twootr fique completo.

Completando o Desafio

Tivemos uma reunião de acompanhamento com nosso cliente Joe e falamos sobre o ótimo progresso feito no projeto. Muitos dos requisitos de domínio central foram cobertos e descrevemos como o sistema poderia ser projetado. É claro que o Twootr ainda não está completo. Ainda não falamos sobre como interconectar a aplicação de modo que os diferentes componentes possam se comunicar. Você também ainda não viu nossa abordagem de persistir o estado dos twoots em algum tipo de sistema de armazenamento que não desaparecerá quando o Twootr for reiniciado.

Joe está muito empolgado com os progressos e mal pode esperar para ver as implementações Twootr terminadas. O último capítulo concluirá o design do Twootr e cobrirá os tópicos restantes.

138 | CAPÍTULO 6: Twootr

CAPÍTULO 7
Estendendo o Twootr

O Desafio

Anteriormente, no Twootr, Joe queria implementar um sistema de comunicação online moderno. O capítulo anterior apresentou um possível design para o Twootr e a implementação do domínio comercial central foi descrita, incluindo a orientação desse design por testes. Você aprendeu sobre algumas decisões de design e modelagem de dados envolvidas, e como separar o problema inicial e estruturar sua solução. Isso não cobriu o projeto do Twootr inteiro, então cabe a este capítulo concluir a tarefa.

O Objetivo

Este capítulo estende e conclui o progresso feito no capítulo anterior ajudando-o a entender os seguintes tópicos:

- Evitar o acoplamento ao Dependency Inversion Principle e ao Dependency Injection;
- Persistência com o padrão Repository e o padrão Query Object;
- Uma breve introdução à programação funcional que mostrará como usar essas ideias em um contexto específico do Java e uma aplicação real.

Recapitulando

Como estamos continuando o projeto Twootr do capítulo anterior, talvez valha a pena recapitular os conceitos-chave em nosso design neste momento. Se você estiver continuando do capítulo anterior maratonando a leitura, ficamos felizes que esteja gostando do livro, mas sinta-se à vontade para pular esta parte:

- Twootr é uma classe-mãe que instancia a lógica comercial e rege o sistema;
- Twoot é uma única instância de transmissão de mensagens por um usuário em nosso sistema;
- ReceiverEndPoint é uma interface implementada por um adaptador IU e passa objetos Twoot para a IU;
- SenderEndPoint tem métodos que correspondem a eventos enviados por um usuário para o sistema;
- O gerenciamento e o hashing de senhas são realizados pela classe KeyGenerator.

Persistência e o Padrão Repository

Então temos um sistema que pode suportar boa parte das operações centrais de twootar. Infelizmente, se reiniciarmos o processo Java, todos os twoots e informações de usuário se perdem. Precisamos de uma forma de persistir a informação que estamos armazenando a fim de sobreviver à reinicialização. No início da discussão da arquitetura do software falamos sobre portas e adaptadores, e como gostaríamos de manter o centro de nossa aplicação agnóstico ao back-end de armazenamento. Existe, na verdade, um padrão comumente usado que nos ajuda a fazer isso: o padrão *Repository*.

O padrão Repository define uma interface entre a lógica de domínio e o back-end de armazenamento. Além de nos permitir usar um back-end de armazenamento diferente ao longo do tempo, conforme nossa aplicação evolui, essa abordagem tem muitas vantagens:

- Centraliza a lógica para mapear dados de nosso back-end de armazenamento para o modelo de domínio;
- Permite a testagem unitária da lógica comercial central sem precisar rodar uma base de dados. Isso pode acelerar a execução dos testes;
- Melhora a manteneabilidade e a legibilidade ao manter a responsabilidade única de cada classe.

Você pode imaginar um repositório como uma coleção de objetos, mas em vez de apenas armazenar objetos na memória, o repositório os mantêm em algum lugar. Ao desenvolver o design de nossa aplicação, orientamos o design dos repositórios por testes;

porém, para economizar tempo, aqui apenas descreveremos a implementação final. Como um repositório é uma coleção de objetos, precisamos de dois deles no Twootr: um para armazenar objetos `User` e outro para objetos `Twoot`. A maioria dos repositórios tem uma série de operações comuns que são implementadas:

`add()`

> Armazena uma nova instância do objeto no repositório.

`get()`

> Procura um único objeto com base em um identificador.

`delete()`

> Deleta uma instância do back-end de persistência.

`update()`

> Garante que os valores salvos para o objeto sejam iguais aos campos de instância.

Algumas pessoas usam o acrônimo CRUD para descrever essas operações. Ele significa Create [criar], Read [ler], Update [atualizar] e Delete [deletar]. Usamos `add` e `get` em vez de `create` e `read`, pois estes nomes alinham-se melhor ao uso comum do Java, por exemplo, na estrutura de coleções.

Planejando os Repositórios

Em nosso caso, planejamos as coisas de cima para baixo e orientamos o desenvolvimento dos repositórios a partir de testes. A implicação disso é que nem todas as operações são definidas nos dois repositórios. O `UserRepository`, mostrado no Exemplo 7-1, não tem uma operação para deletar um `User`. É porque não há requisito que tenha de fato orientado uma operação para deletar um usuário. Perguntamos a nosso cliente, Joe, a respeito e ele disse: "Quando você faz o primeiro Twoot, não consegue parar!"

Quando estiver trabalhando sozinho, você pode ficar tentado a incluir funcionalidade apenas para ter operações "normais" no repositório, mas alertamos veementemente contra essa prática. O código não usado, ou *dead code* como é conhecido, é um passivo. De alguma forma, todo código é um passivo, mas, se o código estiver de fato fazendo algo útil, então terá um benefício em seu sistema, mas, se não for usado, será meramente um passivo. Conforme seus requisitos evoluem, você precisa refatorar e melhorar seu código, e quanto mais código não usado existir, mais difícil será a tarefa.

Persistência e o Padrão Repository | 141

Existe um princípio orientador aqui que lembramos ao longo do capítulo, mas não mencionamos até agora: *YAGNI* ou *You ain't gonna need it* [Você não vai precisar disso, em tradução livre]. Isso não significa não introduzir abstrações e diferentes conceitos como repositórios. Significa apenas não escrever códigos que você acha que precisará no futuro; escreva apenas quando realmente precisar.

Exemplo 7-1. UserRepository

```java
public interface UserRepository extends AutoCloseable {
    boolean add(User user);

    Optional<User> get(String userId);

    void update(User user);

    void clear();

    FollowStatus follow(User follower, User userToFollow);
}
```

Há também diferenças no design de nossos dois repositórios devido à natureza dos objetos que estão armazenando. Nossos objetos Twoot são imutáveis, então o Twoot Repository mostrado no Exemplo 7-2 não precisa implementar uma operação update().

Exemplo 7-2. TwootRepository

```java
public interface TwootRepository {
    Twoot add(String id, String userId, String content);

    Optional<Twoot> get(String id);

    void delete(Twoot twoot);

    void query(TwootQuery twootQuery, Consumer<Twoot> callback);

    void clear();
}
```

Normalmente o método add() em um repositório simplesmente pega o objeto em questão e o persiste na base de dados. No caso do TwootRepository, adotamos uma abordagem diferente. Esse método pega alguns parâmetros específicos e cria o objeto em questão. A motivação por trás dessa abordagem foi que a fonte dos dados seria aquela que atribuiria o próximo objeto Position a Twoot. Estamos delegando a responsabilidade de garantir um objeto único e ordenado para a camada de dados que terá a ferramenta adequada para criar tal sequência.

Uma alternativa poderia ser pegar um objeto Twoot que não tem uma position atribuída e definir o campo position quando for adicionado. Agora, um dos principais objetivos do construtor de um objeto deve ser garantir que todo estado interno esteja totalmente

142 | CAPÍTULO 7: Estendendo o Twootr

inicializado, de preferência verificado com campos `final`. Não atribuindo a posição no momento de criação de um objeto, teríamos criado um objeto que não foi totalmente instanciado, violando um de nossos princípios para a criação de objetos.

Algumas implementações do padrão Repository introduzem uma interface genérica; por exemplo, algo como o Exemplo 7-3. Em nosso caso, não seria adequado, pois `TwootRepository` não tem um método `update()` e `UserRepository` não tem um método `delete()`. Se você quiser escrever um código que abstrai os diferentes repositórios, então isso pode ser útil. Tentar não forçar diferentes implementações na mesma interface para esse propósito é uma parte-chave do design de uma boa abstração.

Exemplo 7-3. AbstractRepository

```java
public interface AbstractRepository<T>
{
    void add(T value);

    Optional<T> get(String id);

    void update(T value);

    void delete(T value);
}
```

Objetos de Consulta

Outra distinção crucial entre os diferentes repositórios é como suportam a consulta. No caso do Twootr, nosso `UserRepository` não precisa de nenhuma habilidade de consulta, mas, quando se trata de objetos `Twoot`, precisamos pesquisar os twoots para reexibi-los no momento em que um usuário faz login. Qual a melhor forma de implementar essa funcionalidade?

Bem, há diversas opções que podemos escolher aqui. A mais simples é que poderíamos apenas testar nosso repositório como uma `Java Collection` pura e ter uma forma de iterar os diferentes objetos `Twoot`. A lógica para consultar/filtrar poderia ser escrita em código Java normal. Seria ótimo, mas possivelmente bastante lento, pois requer recuperar todas as linhas de nosso armazenamento de dados em nossa aplicação Java para fazer a consulta, quando na verdade podemos querer apenas algumas. Geralmente, os back-ends de armazenamento de dados, como as bases de dados SQL, possuem implementações altamente otimizadas e eficientes de como consultar e ordenar os dados, e é melhor deixar a consulta para eles.

Após decidir que a implementação do repositório precisa ter a responsabilidade de consultar o armazenamento de dados, precisamos decidir como melhor expor isso através da interface `TwootRepository`. Uma opção seria incluir um método ligado à nossa lógica comercial que realize a operação de consulta. Por exemplo, poderíamos escrever

Persistência e o Padrão Repository | 143

algo como o método `twootsForLogon()` do Exemplo 7-4 que pega o objeto `user` e busca twoots associados a ele. A desvantagem é que agora acoplamos a funcionalidade da lógica comercial específica à implementação do nosso repositório, algo que a introdução de nossa abstração de repositório foi planejada para evitar. Isso dificultará a evolução de nossa implementação alinhada aos requisitos, pois teremos que modificar o repositório e a lógica de domínio central, e também viola o Single Responsibility Principle.

Exemplo 7-4. twootsForLogon

```
List<Twoot> twootsForLogon(User user);
```

O que queremos projetar é algo que nos permita explorar a capacidade de consulta do armazenamento de dados sem atrelar a lógica comercial ao armazenamento de dados em questão. Seria possível incluir um método específico para consultar o repositório para determinado critério comercial, como no Exemplo 7-5. Essa abordagem é muito melhor que as duas primeiras, mas ainda pode ser um pouco mais refinada. O problema em codificar cada uma das consultas para determinado método é que, conforme sua aplicação evolui com o tempo e adiciona mais funcionalidade de consulta, adicionamos cada vez mais métodos à interface Repository, deixando-a inchada e mais difícil de entender.

Exemplo 7-5. twootsFromUsersAfterPosition

```
List<Twoot> twootsFromUsersAfterPosition(Set<String> inUsers, Position lastSeenPosi
tion);
```

Isso nos leva à próxima iteração de consulta, mostrada no Exemplo 7-6. Aqui abstraímos o critério de que consultamos nosso `TwootRepository` em seu próprio objeto. Agora podemos incluir propriedades adicionais a esse critério sem que o número de métodos de consulta torne-se uma enorme combinação de diferentes propriedades a consultar. A definição de nosso objeto `TwootQuery` aparece no Exemplo 7-7.

Exemplo 7-6. query

```
List<Twoot> query(TwootQuery query);
```

Exemplo 7-7. TwootQuery

```java
public class TwootQuery {
    private Set<String> inUsers;
    private Position lastSeenPosition;

    public Set<String> getInUsers() {
        return inUsers;
    }

    public Position getLastSeenPosition() {
        return lastSeenPosition;
    }
```

```java
    public TwootQuery inUsers(final Set<String> inUsers) {
        this.inUsers = inUsers;

        return this;
    }

    public TwootQuery inUsers(String... inUsers) {
        return inUsers(new HashSet<>(Arrays.asList(inUsers)));
    }

    public TwootQuery lastSeenPosition(final Position lastSeenPosition) {
        this.lastSeenPosition = lastSeenPosition;

        return this;
    }

    public boolean hasUsers() {
        return inUsers != null && !inUsers.isEmpty();
    }
}
```

Não é a abordagem de design final adotada para consultar os twoots. Ao retornar uma List de objetos, isso significa que precisamos carregar na memória todos os objetos Twoot que serão retornados de uma vez. Não será uma ideia muito boa quando List ficar muito grande. Podemos também não querer consultar todos os objetos de uma vez. Este é o caso aqui: queremos passar cada um dos objetos Twoot para nossa IU sem precisar ter todos na memória no momento. Algumas implementações do repositório criam um objeto para modelar o conjunto de resultados retornados. Esses objetos permitem paginar ou iterar por meio de valores.

Nesse caso, faremos algo mais simples: pegaremos apenas um callback Consumer <Twoot>. É uma função que o chamador passará, tem um único argumento, um Twoot, e retorna void. Podemos implementar essa interface usando uma expressão lambda ou uma referência de método. Você pode ver nossa abordagem final no Exemplo 7-8.

Exemplo 7-8. query

```java
void query(TwootQuery twootQuery, Consumer<Twoot> callback);
```

Veja o Exemplo 7-9 para saber como usar esse método de consulta. É assim que nosso método onLogon() chama a consulta. Ele pega o usuário que estava logado e usa o conjunto de usuários que esse usuário está seguindo como a parte user da consulta. Então, usa a última posição vista dessa parte da consulta. O callback que recebe os resultados dessa consulta é user::receiveTwoot, uma referência de método para a função descrita antes e que publica o objeto Twoot para a IU ReceiverEndPoint.

Persistência e o Padrão Repository | **145**

Exemplo 7-9. Um exemplo do uso do método de consulta

```
twootRepository.query(
    new TwootQuery()
        .inUsers(user.getFollowing())
        .lastSeenPosition(user.getLastSeenPosition()),
    user::receiveTwoot);
```

É isso. Essa é nossa interface de repositório planejada e útil no centro da lógica da aplicação.

Há outro recurso que algumas implementações do repositório usam que não descrevemos aqui, que é o padrão *Unidade de Trabalho*. Não usamos esse padrão no Twootr, mas ele costuma ser usado em conjunto com o padrão Repository, então cabe mencioná-lo aqui. Algo comum que as aplicações de linha comercial fazem é ter uma única operação que realiza muitas interações com o armazenamento de dados. Por exemplo, você pode estar transferindo dinheiro entre duas contas bancárias, quer retirar dinheiro de uma conta e incluí-lo em outra na mesma operação. Você não quer que nenhuma das operações seja realizada sem que a outra também seja, não quer colocar dinheiro na conta creditada sendo que não há dinheiro suficiente na conta debitada. Também não quer reduzir o saldo da conta debitada sem garantir que pode colocar dinheiro na conta creditada.

As bases de dados costumam implementar transações e a conformidade ACID para permitir que as pessoas realizem esse tipo de operação. Uma transação é basicamente um grupo de diferentes operações da base de dados realizadas de forma lógica como uma única operação atômica. Unidade de Trabalho é um padrão de design que ajuda a realizar as transações da base de dados. Basicamente, cada operação que você realiza em seu repositório é registrada com um objeto unidade de trabalho. Seu objeto da unidade pode delegar a um ou mais repositórios, colocando essas operações em uma transação.

Uma coisa a respeito da qual ainda não falamos é como implementamos as interfaces de repositório que projetamos. Como em tudo o mais no desenvolvimento de softwares, costuma haver diferentes caminhos. O ecossistema Java contém muitos ORMs (Object-Relational Mappers) que tentam automatizar a tarefa dessa implementação. O ORM mais popular é o Hibernate. Os ORMs tendem a ser uma abordagem simples que pode automatizar parte do trabalho; porém, acabam produzindo códigos de consulta da base de dados insuficientes e podem, às vezes, introduzir mais complexidade ainda.

No projeto de exemplo, oferecemos duas implementações de cada um dos repositórios. Uma delas é uma implementação na memória muito simples adequada para testes que não persistirão os dados após as reinicializações. A outra abordagem usa um SQL simples e a API JDBC. Não entraremos em detalhes sobre a implementação, pois boa parte dela não mostra nenhuma ideia de programação Java particularmente interessante; entretanto, em "Programação Funcional", a seguir, falaremos sobre como usamos algumas ideias da programação funcional na implementação.

146 | CAPÍTULO 7: Estendendo o Twootr

Programação Funcional

Programação funcional é um estilo de programação de computadores que trata os métodos como se operassem como funções matemáticas. Isso significa que ele evita estados mutáveis e dados alterados. Você pode programar nesse estilo em qualquer linguagem, mas algumas linguagens de programação oferecem recursos para ajudar a tornar a programação mais fácil e melhor; são chamadas de *linguagens de programação funcional*. O Java não é uma linguagem de programação funcional, mas, na versão 8, vinte anos depois de seu lançamento, ele começou a incluir diversos recursos que ajudaram a tornar a programação funcional em Java uma realidade. Esses recursos incluem expressões lambda, Streams e APIs Collectors, e a classe Optional. Nesta seção falaremos um pouco sobre como esses recursos de programação funcional podem ser usados e como os usamos no Twootr.

Existem limites para o nível de abstrações que os escritores de bibliotecas podiam usar no Java antes da versão 8. Um bom exemplo era a falta de operações paralelas eficientes em grandes coleções de dados. O Java 8 em diante permite escrever algoritmos complexos de processamento de coleções e, simplesmente mudando uma única chamada de método, é possível executar com eficiência esse código em CPUs multicore. Para permitir a escrita dessas bibliotecas paralelas de dados em massa, o Java precisou de uma nova alteração da linguagem: expressões lambda.

É claro que há um custo. Você precisa aprender a escrever e ler códigos habilitados por lambda, mas é uma boa recompensa. É mais fácil para os programadores aprenderem algumas novas sintaxes e novas expressões do que ter que escrever manualmente uma grande quantidade de código complexo com thread seguro. Boas bibliotecas e estruturas reduziram muito o custo e o tempo associados ao desenvolvimento de aplicações comerciais empresariais, e qualquer barreira ao desenvolvimento de bibliotecas fáceis de usar e eficientes deve ser removida.

A abstração é um conceito familiar a qualquer um que faça programação orientada a objetos. A diferença é que a programação orientada a objetos tem mais a ver com abstração nos dados, enquanto a programação funcional se refere à abstração no comportamento. O mundo real tem as duas coisas e nossos programas também, então podemos e devemos aprender com as duas influências.

Existem outros benefícios nessa nova abstração também. Para muitos de nós que não estamos escrevendo códigos essenciais ao desempenho, esses ganhos são mais importantes. Você pode escrever códigos mais fáceis de ler, códigos que se demoram expressando a intenção de sua lógica comercial em vez da mecânica de como é obtido. Códigos mais fáceis de ler também são mais fáceis de manter, mais confiáveis e menos suscetíveis a erros.

Expressões Lambda

Definiremos uma expressão lambda como uma forma concisa de descrever uma função anônima. Reconhecemos que é muito para absorver de uma vez, então explicaremos o que são expressões lambda vendo o exemplo de um código Java existente. Começaremos pegando uma interface usada para representar um callback em nossa base de código: `ReceiverEndPoint`, mostrada no Exemplo 7-10.

Exemplo 7-10. ReceiverEndPoint

```
public interface ReceiverEndPoint {
    void onTwoot(Twoot twoot);
}
```

No exemplo, estamos criando um novo objeto que oferece uma implementação da interface `ReceiverEndPoint`. Essa interface tem um único método, `onTwoot`, que é chamado pelo objeto Twootr quando ele está enviando um objeto Twoot para o adaptador IU. A classe listada no Exemplo 7-11 oferece uma implementação desse método. Nesse caso, para simplificar, estamos apenas imprimindo-a na linha de comando, em vez de enviar uma versão seriada para uma IU real.

Exemplo 7-11. Implementando ReceiverEndPoint com uma classe

```
public class PrintingEndPoint implements ReceiverEndPoint {
    @Override
    public void onTwoot(final Twoot twoot) {
        System.out.println(twoot.getSenderId() + ": " + twoot.getContent());
    }
}
```

Na verdade, é um exemplo de parametrização de comportamento; estamos parametrizando os diferentes comportamentos para enviar uma mensagem para a IU.

Há sete linhas de código boilerplate necessárias para chamar a única linha do real comportamento aqui. Classes internas anônimas foram projetadas para facilitar para os programadores Java a representação e a passagem pelos comportamentos. Você pode ver isso no Exemplo 7-12, que reduz um pouco o boilerplate, mas ainda não facilita o suficiente se você quer simplificar muito a passagem de um comportamento.

Exemplo 7-12. Implementando ReceiverEndPoint com uma classe anônima

```
final ReceiverEndPoint anonymousClass = new ReceiverEndPoint() {
    @Override
    public void onTwoot(final Twoot twoot) {
        System.out.println(twoot.getSenderId() + ": " + twoot.getContent());
    }
};
```

Mas o boilerplate não é o único problema: esse código é muito difícil de ler porque oculta a intenção do programador. Não queremos passar um objeto; o que queremos realmente fazer é passar algum comportamento. No Java 8, ou posterior, escreveríamos esse exemplo de código como uma expressão lambda, como no Exemplo 7-13.

Exemplo 7-13. Implementando ReceiverEndPoint com uma expressão lambda

```
final ReceiverEndPoint lambda =
    twoot -> System.out.println(twoot.getSenderId() + ": " + twoot.getCon
tent());
```

Em vez de passar um objeto que implementa uma interface, estamos passando um bloco de código, uma função sem um nome. twoot é o nome de um parâmetro, o mesmo parâmetro no exemplo da classe interna anônima. -> separa o parâmetro do corpo da expressão lambda, que é apenas um código executado quando o twoot é publicado.

Outra diferença entre este exemplo e a classe interna anônima é como declaramos o evento variável. Antes, precisávamos fornecer seu tipo explicitamente: Twoot twoot. Neste exemplo, nem sequer fornecemos o tipo, ainda assim o exemplo compila. O que está acontecendo internamente é que o javac está inferindo o tipo do evento variável a partir de seu contexto; aqui, a partir da assinatura de onTwoot. O que isso significa é que você não precisa escrever explicitamente o tipo quando está óbvio.

Apesar de os parâmetros do método lambda exigirem menos código boilerplate que o necessário antes, eles ainda têm uma tipagem estática. Em prol da legibilidade e da familiaridade, você tem a opção de incluir declarações do tipo e, às vezes, o compilador é incapaz de funcionar!

Referências do Método

Um modo comum que você deve ter percebido é a criação de uma expressão lambda que chama um método em seu parâmetro. Se quiséssemos que uma expressão lambda pegasse o conteúdo de um Twoot, escreveríamos algo como o Exemplo 7-14.

Exemplo 7-14. Obter o conteúdo de um twoot

```
twoot -> twoot.getContent()
```

É um modo tão comum que há até uma sintaxe abreviada que permite reutilizar um método existente, chamada referência do método. Se fôssemos escrever a expressão lambda anterior usando uma referência do método, ficaria como o Exemplo 7-15.

Exemplo 7-15. Uma referência do método

```
Twoot::getContent
```

A forma-padrão é `Classname::methodName`. Lembre que, apesar de ser um método, você não precisa usar parênteses porque não está de fato chamando o método. Você está fornecendo o equivalente de uma expressão lambda que pode ser chamada a fim de chamar o método. É possível usar referências do método nos mesmos lugares das expressões lambda.

Você pode também usar construtores usando a mesma sintaxe abreviada. Se fosse usar uma expressão lambda para criar um `SenderEndPoint`, poderia escrever o Exemplo 7-16.

Exemplo 7-16. Lambda para criar um novo SenderEndPoint

```
(user, twootr) -> new SenderEndPoint(user, twootr)
```

Também pode escrever isso usando referências do método, como no Exemplo 7-17.

Exemplo 7-17. Referências do método para criar um novo SenderEndPoint

```
SenderEndPoint::new
```

O código não é apenas mais curto, como também muito mais fácil de ler. `SenderEndPoint::new` lhe diz imediatamente que você está criando um novo `SenderEndPoint` sem precisar ler toda a linha de código. Outra coisa a observar aqui é que as referências do método suportam múltiplos parâmetros automaticamente, contanto que você tenha a interface funcional correta.

Quando começamos a explorar as mudanças do Java 8, um amigo disse que as referências do método "parecem uma trapaça". O que ele quis dizer foi que, tendo visto como podemos usar expressões lambda para passar códigos como se fossem dados, parecia trapaça poder referenciar um método diretamente.

Na verdade, as referências do método estão realmente explicitando o conceito de funções de primeira classe. É a ideia de que podemos passar comportamentos e tratá-los como outro valor. Por exemplo, podemos escrever as funções juntas.

150 | **CAPÍTULO 7: Estendendo o Twootr**

Execute Around

O padrão *Execute Around* é um padrão de design funcional comum. Você pode encontrar uma situação em que tem códigos comuns de inicialização e limpeza que sempre quer realizar, mas parametriza lógicas comerciais diferentes executadas dentro dos códigos de inicialização e limpeza. Um exemplo do padrão geral aparece na Figura 7-1. Existem inúmeras situações de exemplo nas quais você pode usar execute around, por exemplo:

Arquivos

> Abre um arquivo antes de usá-lo e o fecha quando você termina de usar. Você pode também registrar uma exceção quando algo dá errado. O código parametrizado pode ler o arquivo ou escrever nele.

Bloqueios

> Coloca um bloqueio antes de sua seção crítica, desbloqueia depois da sua seção crítica. O código parametrizado é a seção crítica.

Conexões da base de dados

> Abre uma conexão com uma base de dados no momento da inicialização, a fecha quando termina. Costuma ser ainda mais útil se você faz pool de suas conexões da base de dados, pois também permite que sua lógica aberta recupere a conexão de seu pool.

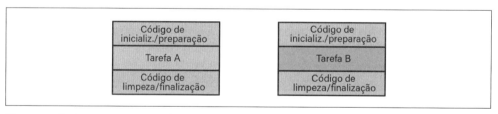

Figura 7-1. Padrão Execute Around

Como a lógica de inicialização e limpeza está sendo usada em muitos lugares, é possível ver-se na situação na qual essa lógica é duplicada. Significa que, se você quiser modificar o código comum de inicialização ou limpeza, terá que modificar múltiplas partes diferentes de sua aplicação. Também corre o risco de esses diferentes fragmentos de código poderem ficar inconsistentes, inserindo possíveis bugs em sua aplicação.

O padrão Execute Around resolve o problema extraindo um método comum que define ambos os códigos de inicialização e limpeza. Esse método pega um parâmetro contendo o comportamento que varia entre os casos de uso do mesmo padrão geral. O parâmetro usará uma interface para permitir que seja implementado por diferentes blocos de código, geralmente usando expressões lambda.

O Exemplo 7-18 mostra um uso concreto do método extract. Ele é usado no Twootr para executar declarações SQL na base de dados. Ele cria um objeto de declaração preparado para determinada declaração SQL, então executa nosso comportamento extractor na declaração. O extractor é apenas um callback que extrai um resultado, ou seja, lê alguns dados da base de dados usando PreparedStatement.

Exemplo 7-18. Uso do padrão Execute Around no método de extração

```
<R> R extract(final String sql, final Extractor<R> extractor) {
    try (var stmt = conn.prepareStatement(sql, Statement.RETURN_GENER
ATED_KEYS)) {
        stmt.clearParameters();
        return extractor.run(stmt);
    } catch (SQLException e) {
        throw new IllegalStateException(e);
    }
}
```

Streams

Os recursos de programação funcional mais importantes no Java concentram-se em torno da API Collections e dos *Streams*. Os Streams nos permitem escrever códigos de processamento de coleções em um nível mais alto de abstração do que seríamos capazes de fazer com loops. A interface Stream contém uma série de funções que exploraremos ao longo deste capítulo, cada uma correspondendo a uma operação comum que você pode realizar em uma Collection.

map()

Se você tem uma função que converte um valor de um tipo em outro, map() permite aplicar essa função em um stream de valores, produzindo outro stream de novos valores.

Você pode muito bem ter feito algumas operações de mapeamento por anos com os loops for. Em nosso DatabaseTwootRepository, construímos uma tupla para ser usada em uma String de consulta contendo todos os valores id dos diferentes usuários que um usuário está seguindo. Cada valor id é uma String citada e a tupla inteira fica entre parênteses. Por exemplo, se seguisse usuários com IDs "richardwarburto" e "raoulUK", produziríamos uma tupla de String "(*richardwarburto,raoulUK*)". A fim de gerar essa tupla, você usaria um padrão de mapeamento, transformando cada id em "*id*" e adicionando em uma List. O método String.join() pode, então, ser usado para uni-las com vírgulas. O Exemplo 7-19 é o código escrito nesse estilo.

152 | CAPÍTULO 7: Estendendo o Twootr

Exemplo 7-19. Construindo uma tupla de usuários com um loop for

```java
private String usersTupleLoop(final Set<String> following) {
    List<String> quotedIds = new ArrayList<>();
    for (String id : following) {
        quotedIds.add("'" + id + "'");
    }
    return '(' + String.join(",", quotedIds) + ')';
}
```

map() é uma das operações Stream mais comumente usadas. O Exemplo 7-20 é o mesmo da construção da tupla de usuários, mas usando map(). Ele também aproveita o coletor joining(), que nos permite reunir os elementos de Stream em uma String.

Exemplo 7-20. Construindo uma tupla de usuários com map

```java
private String usersTuple(final Set<String> following) {
    return following
        .stream()
        .map(id -> "'" + id + "'")
        .collect(Collectors.joining(",", "(", ")"));
}
```

A expressão lambda passada em map() tem uma String como seu único argumento e retorna uma String. Não é necessário que o argumento e o resultado sejam iguais, mas a expressão lambda passada deve ser uma instância de Function. É uma interface funcional genérica com apenas um argumento.

forEach()

A operação forEach() é útil quando você quer um efeito colateral para cada valor em Stream. Por exemplo, suponha que você queira imprimir o nome de um usuário ou salvar cada transação em seu stream em uma base de dados. forEach() tem um único argumento, um callback Consumer executado que é chamado com cada elemento no stream como argumento.

filter()

Sempre que você estiver fazendo loop em alguns dados e verificando cada elemento com uma declaração if, pode querer pensar em usar o método Stream.filter().

Por exemplo, InMemoryTwootRepository precisa consultar os diferentes objetos Twoot a fim de encontrar twoots que coincidam com sua TwootQuery. Especificamente, que a posição esteja após a posição vista por último e que o usuário seja seguido. Um exemplo escrito no estilo do loop for aparece no Exemplo 7-21.

Programação Funcional | **153**

Exemplo 7-21. Loop nos twoots e usando uma declaração if

```java
    public void queryLoop(final TwootQuery twootQuery, final Consumer<Twoot> call
back) {
        if (!twootQuery.hasUsers()) {
            return;
        }

        var lastSeenPosition = twootQuery.getLastSeenPosition();
        var inUsers = twootQuery.getInUsers();

        for (Twoot twoot : twoots) {
            if (inUsers.contains(twoot.getSenderId()) &&
                twoot.isAfter(lastSeenPosition)) {
                callback.accept(twoot);
            }
        }
    }
```

Você provavelmente escreveu algum código que se parece com este: chama-se padrão `filter`. A ideia central do filtro é reter alguns elementos de `Stream`, enquanto descarta outros. O Exemplo 7-22 mostra como escrever o mesmo código em um estilo funcional.

Exemplo 7-22. Estilo funcional

```java
    @Override
    public void query(final TwootQuery twootQuery, final Consumer<Twoot> callback) {
        if (!twootQuery.hasUsers()) {
            return;
        }

        var lastSeenPosition = twootQuery.getLastSeenPosition();
        var inUsers = twootQuery.getInUsers();

        twoots
            .stream()
            .filter(twoot -> inUsers.contains(twoot.getSenderId()))
            .filter(twoot -> twoot.isAfter(lastSeenPosition))
            .forEach(callback);
    }
```

Parecido com `map()`, `filter()` é um método que tem apenas uma única função como argumento; aqui estamos usando uma expressão lambda. Essa função faz o mesmo trabalho que a expressão na declaração if fez anteriormente. Aqui, ela retorna `true` se `String` começa com um dígito. Se você estiver refatorando um código de herança, a presença de uma declaração if no meio de um loop for é um forte indicador de que você realmente quer usar um filtro. Como a função está fazendo o mesmo trabalho da declaração if, ela deve retornar `true` ou `false` para determinado valor. `Stream` após `filter` tem os elementos de `Stream` anteriormente, os quais são avaliados como `true`.

154 | **CAPÍTULO 7: Estendendo o Twootr**

reduce()

reduce é um padrão que também será familiar a qualquer um que tenha usado loops para operar em coleções. É o tipo de código que você escreve quando quer reduzir uma lista inteira de valores a um único valor; por exemplo encontrar a soma de todos os valores de diferentes transações. O padrão geral que você veria com redução ao escrever um loop aparece no Exemplo 7-23. Use a operação reduce quando tiver uma coleção de valores e quiser gerar um único resultado.

Exemplo 7-23. O padrão reduce

```
Object accumulator = initialValue;
for (Object element : collection) {
 accumulator = combine(accumulator, element);
}
```

Um accumulator passa pelo corpo do loop, com o valor final de accumulator sendo o valor que estávamos tentando computar. O accumulator começa com initialValue, então é combinado com cada elemento da lista chamando a operação combine.

As coisas que variam entre as implementações desse padrão são initialValue e a função de combinação. No exemplo original, usamos o primeiro elemento na lista como nosso initialValue, mas não precisa ser assim. A fim de encontrar o menor valor em uma lista, nossa combinação retornaria o caminho mais curto de nosso elemento atual e de accumulator. Agora veremos como o padrão geral pode ser codificado por uma operação na própria API Streams.

Demonstraremos a operação de redução adicionando um recurso que combina diferentes twoots em um grande twoot. A operação terá uma lista de objetos Twoot, o remetente do Twoot e sua id fornecidos como argumentos. Ela precisará combinar os diferentes valores de conteúdo e retornar a posição mais alta dos twoots combinados. O código geral está demonstrado no Exemplo 7-24.

Começamos com um novo objeto Twoot criado usando id, senderId com conteúdo vazio e a posição mais baixa possível, INITIAL_POSITION. A redução, então, reúne cada elemento com accumulator, combinando o elemento com accumulator em cada passo. Quando chegamos ao elemento Stream final, nosso accumulator tem a soma de todos os elementos.

A expressão lambda, conhecida como redutora, realiza a combinação e tem dois argumentos. acc é o accumulator e mantém os twoots anteriores que foram combinados. Ela também é passada no Twoot atual em Stream. A redutora em nosso exemplo cria um novo Twoot, com no máximo duas posições, a concatenação de seu conteúdo, a id e a senderId especificadas.

Programação Funcional | 155

Exemplo 7-24. Implementando a soma usando reduce

```java
    private final BinaryOperator<Position> maxPosition = maxBy(comparingInt(Posi
tion::getValue));

    Twoot combineTwootsBy(final List<Twoot> twoots, final String senderId, final
String newId) {
        return twoots
            .stream()
            .reduce(
                new Twoot(newId, senderId, "", INITIAL_POSITION),
                (acc, twoot) -> new Twoot(
                    newId,
                    senderId,
                    twoot.getContent() + acc.getContent(),
                    maxPosition.apply(acc.getPosition(), twoot.getPosition()))));
    }
```

É claro que essas operações Stream não são tão interessantes por si só. Elas se tornam realmente potentes quando você as combina para formar um pipeline. O Exemplo 7-25 mostra um código de Twootr.onSendTwoot(), no qual enviamos twoots para os seguidores de um usuário. O primeiro passo é chamar o método followers(), que retorna um Stream<User>. Então, usamos a operação filter para encontrar os usuários que estão de fato logados a quem queremos enviar o twoot. Depois usamos a operação forEach para produzir o efeito colateral desejado: enviar um twoot para um usuário e registrar o resultado.

Exemplo 7-25. Uso de Stream dentro do método onSendTwoot

```java
        user.followers()
            .filter(User::isLoggedOn)
            .forEach(follower ->
            {
                follower.receiveTwoot(twoot);
                userRepository.update(follower);
            });
```

Optional

Optional é um tipo de dados da biblioteca Java central, apresentada no Java 8, projetada para oferecer melhores alternativas a null. Há muita aversão pelo antigo valor null. Até o homem que inventou o conceito, Tony Hoare, o descreveu como "meu erro de um bilhão de dólares". Esse é o problema de ser um cientista da computação influente — você pode cometer um erro de um bilhão de dólares sem sequer ver o bilhão de dólares!

Normalmente null é usado para representar a ausência de um valor, como é o caso de uso que Optional substitui. O problema de usar null para representar a ausência é a temida NullPointerException. Se você se refere a uma variável que é null, seu código explode. O objetivo de Optional é duplo. Primeiro, ele encoraja o codificador a fazer verificações

---

156 | **CAPÍTULO 7: Estendendo o Twootr**

adequadas para saber se uma variável está ausente a fim de evitar bugs. Segundo, ele documenta valores que devem ser ausentes em uma API da classe. Isso facilita ver onde os corpos estão enterrados.

Vejamos a API de Optional a fim de entender um pouco como usá-la. Se você quiser criar uma instância Optional de um valor, existe um método factory chamado of(). Optional é agora um recipiente para esse valor, que pode ser retirado com get, como mostrado no Exemplo 7-26.

Exemplo 7-26. Criando Optional a partir de um valor

```
Optional<String> a = Optional.of("a");

assertEquals("a", a.get());
```

Como Optional também pode representar um valor ausente, há um método factory chamado empty() e você pode converter um valor null em um Optional usando o método ofNullable(). Veja esses dois métodos no Exemplo 7-27, com o uso do método isPresent(), que indica se Optional mantém um valor.

Exemplo 7-27. Criando um Optional vazio e verificando se contém um valor

```
Optional emptyOptional = Optional.empty();
Optional alsoEmpty = Optional.ofNullable(null);

assertFalse(emptyOptional.isPresent());

// a is defined above
assertTrue(a.isPresent());
```

Uma abordagem para usar Optional é proteger qualquer chamada para get() verificando isPresent(); isso é necessário porque uma chamada para get() pode gerar uma NoSuchElementException. Infelizmente, essa abordagem não é um padrão de codificação muito bom para usar Optional. Se você o utiliza dessa forma, tudo o que de fato fez foi replicar os padrões existentes para usar null, onde verificaria se um valor não é null como proteção.

Uma abordagem melhor é chamar o método orElse(), que oferece um valor alternativo, caso Optional esteja vazio. Se criar um valor alternativo for computacionalmente caro, o método orElseGet() deve ser usado. Isso permite passar uma função Supplier que é chamada apenas se Optional está realmente vazio. Ambos os métodos são demonstrados no Exemplo 7-28.

Exemplo 7-28. Usando orElse() e orElseGet()

```
assertEquals("b", emptyOptional.orElse("b"));
assertEquals("c", emptyOptional.orElseGet(() -> "c"));
```

Optional tem também uma série de métodos definidos que podem ser usados como a API Stream; por exemplo, filter(), map() e ifPresent(). Você pode pensar nesses métodos aplicados à API Optional de modo semelhante a aplicar à API Stream, mas nesse caso Stream pode conter apenas 1 ou 0 elemento. Então, Optional.filter() reterá um elemento em Optional se cumprir os critérios e retornará um Optional vazio se Optional estava vazio anteriormente ou se predicate não for aplicado. Além disso, map() transforma o valor dentro de Optional, mas se estiver vazio não aplicará a função. É o que torna essas funções mais seguras do que usar null, pois elas só operam em Optional se de fato há algo dentro delas. ifPresent é a dupla Optional de forEach; ele aplica um callbak Consumer se há um valor, mas nada se não há.

Você pode ver uma extração do código no método Twootr.onLogon() do Exemplo 7-29. É um exemplo de como podemos reunir essas diferentes operações para realizar uma operação mais complexa. Começamos pesquisando User a partir de sua ID chamando UserRepository.get(), o qual retorna Optional. Então, validamos o matcher de senha do usuário usando filter. Usamos ifPresent para notificar User sobre os twoots que ele perdeu. Por fim, mapeamos com map o objeto User para um novo SenderEndPoint que é retornado do método.

Exemplo 7-29. Uso de Optional dentro do método onLogon

```
        var authenticatedUser = userRepository
            .get(userId)
            .filter(userOfSameId ->
            {
                var hashedPassword = KeyGenerator.hash(password, userOfSameId.get
Salt());
                return Arrays.equals(hashedPassword, userOfSameId.getPassword());
            });

        authenticatedUser.ifPresent(user ->
        {
            user.onLogon(receiverEndPoint);
            twootRepository.query(
                new TwootQuery()
                    .inUsers(user.getFollowing())
                    .lastSeenPosition(user.getLastSeenPosition()),
                user::receiveTwoot);
            userRepository.update(user);
        });

        return authenticatedUser.map(user -> new SenderEndPoint(user, this));
```

Nesta seção, só demos uma pincelada na programação funcional. Se você estiver interessado em aprender sobre ela mais profundamente, recomendamos os livros *Java 8 In Action* [Java 8 em Ação, em tradução livre] e *Java 8 Lambdas*.

158 | **CAPÍTULO 7: Estendendo o Twootr**

Interface do Usuário

Ao longo deste capítulo evitamos falar muito sobre a interface do usuário para este sistema, porque estamos concentrados no design do domínio central do problema. Dito isso, vale a pena mergulhar um pouco no que o projeto de exemplo entrega como parte de sua IU apenas para entender como a modelagem do evento se encaixa. Em nosso projeto de exemplo, enviamos um site de uma única página que usa JavaScript para implementar sua funcionalidade dinâmica. Para manter as coisas simples e não aprofundar muito nas inúmeras guerras de estrutura, simplesmente usamos `jquery` para atualizar a página HTML bruta, mas mantivemos uma separação simples de preocupações no código.

Quando você acessa a página do Twootr, ela se conecta de volta ao host usando WebSockets. Estas foram algumas das opções de comunicação de evento discutidas em "Dos Eventos ao Design" anteriormente. Todo o código para comunicar-se com ele está no subpacote `web_adapter` do `chapter_06`. A classe `WebSocketEndPoint` implementa `ReceiverEndPoint` e também chama os métodos necessários em `SenderEndPoint`. Por exemplo, quando `ReceiverEndPoint` recebe e analisa uma mensagem para seguir outro usuário, chama `SenderEndPoint.onFollow()`, passando o nome do usuário. Então, o `enum—FollowStatus` retornado é convertido em uma resposta no formato de transmissão e escrito na conexão WebSocket.

Toda comunicação entre o front-end do JavaScript e o servidor é feita usando o padrão *JavaScript Object Notation* (JSON). JSON foi escolhido porque é muito fácil para uma IU JavaScript desserializar ou serializar.

Dentro de `WebSocketEndPoint` precisamos mapear para e a partir do JSON no código Java. Há muitas bibliotecas que podem ser usadas para este fim; aqui escolhemos a biblioteca Jackson, que é comumente usada e bem mantida. O JSON costuma ser usado em aplicações que adotam uma abordagem de solicitação/resposta em vez de uma abordagem orientada a eventos. Em nosso caso, extraímos manualmente os campos do objeto JSON para simplificar, mas também é possível usar uma API JSON de maior nível, como uma API de vinculação.

Dependency Inversion e Dependency Injection

Falamos muito sobre padrões de dissociação neste capítulo. Nossa aplicação em geral usa o padrão Portas e Adaptadores, e o padrão Repository para dissociar a lógica comercial dos detalhes da implementação. Existe na verdade um princípio unificador maior, que podemos ter em mente ao ver esses padrões: *Dependency Inversion*. O Dependency Inversion Principle é o último dos cinco padrões SOLID sobre os quais falamos neste livro e, como os outros, foi apresentado por Robert Martin. Ele declara que:

- Os módulos de alto nível não devem depender de módulos de baixo nível. Ambos devem depender de abstrações;
- As abstrações não devem depender dos detalhes. Os detalhes devem depender das abstrações.

O princípio é chamado de inversão porque na programação estruturada imperativa tradicional costuma acontecer de os módulos de alto nível se comporem a fim de produzir módulos de baixo nível. Costuma ser um efeito colateral do design top-down mencionado neste capítulo. Você divide um problema grande em diferentes subproblemas, escreve um módulo para resolver cada um desses subproblemas e o problema principal (o módulo de alto nível) depende dos subproblemas (os módulos de baixo nível).

No design de Twootr evitamos esse problema com a introdução de abstrações. Temos uma classe de ponto de entrada de alto nível, chamada `Twootr`, e ela não depende dos módulos de baixo nível como nosso `DataUserRepository`. Depende da abstração, a interface `UserRepository`. Fazemos a mesma inversão na porta IU. O `Twootr` não depende de `WebSocketEndPoint`, mas de `ReceiverEndPoint`. Programamos para a interface, não para a implementação.

Um termo relacionado é o conceito de *Dependency Injection* ou *DI*. Para entender o que é DI e por que precisamos dela, faremos um exercício intelectual sobre nosso design. Nossa arquitetura determinou que a classe principal `Twootr` precisa depender de `UserRepository` e `TwootRepository` a fim de armazenar objetos `User` e `Twoot`. Temos campos definidos dentro de `Twootr` para armazenar as instâncias desses objetos, como mostrado no Exemplo 7-30. A questão é: como os instanciamos?

Exemplo 7-30. Dependências dentro da classe Twootr

```java
public class Twootr
{
    private final TwootRepository twootRepository;
    private final UserRepository userRepository;
```

A primeira estratégia que poderíamos usar para preencher os campos é tentar clamar construtores com a palavra-chave new, como mostrado no Exemplo 7-31. Aqui, codificamos o uso dos repositórios alicerçados em base de dados para a base do código. Agora, a maior parte do código na classe ainda programa para a interface, então podemos mudar a implementação aqui bem facilmente sem ter que substituir todo o código, mas é um tipo de hack. Temos sempre que usar os repositórios da base de dados, o que significa que nossos testes para a classe Twootr dependem da base de dados e são executados mais lentamente.

Não apenas isso, mas se quisermos enviar versões diferentes do Twootr para diferentes clientes — por exemplo, um Twooter interno para clientes empresariais que usam SQL e uma versão baseada na nuvem que usa um back-end NoSQL — teremos que cortar as construções de duas versões diferentes da base de código. Não basta simplesmente definir as interfaces e separar a implementação, temos que ter uma forma de transferir a implementação certa de forma que não viole nossa abstração e abordagem de dissociação.

Exemplo 7-31. Codificando a instanciação do campo

```
public Twootr()
{
    this.userRepository = new DatabaseUserRepository();
    this.twootRepository = new DatabaseTwootRepository();
}

// How to start Twootr
Twootr twootr = new Twootr();
```

Um padrão de design comumente usado para instanciar diferentes dependências é o Abstract Factory Design. O Exemplo 7-32 demonstra esse padrão, onde temos um método factory que podemos usar para criar uma instância de nossa interface usando o método getInstance(). Quando queremos definir as implementações certas a usar, podemos chamar setInstance(). Então, por exemplo, poderíamos usar setInstance() nos testes para criar uma implementação na memória, em uma instalação local para usar uma base de dados SQL ou em nosso ambiente de nuvem para usar uma base de dados NoSQL. Dissociamos a implementação da interface e podemos chamar esse código de transferência sempre que quisermos.

Exemplo 7-32. Criando a instância com factories

```
public Twootr()
{
    this.userRepository = UserRepository.getInstance();
    this.twootRepository = TwootRepository.getInstance();
}

// How to start Twootr
UserRepository.setInstance(new DatabaseUserRepository());
TwootRepository.setInstance(new DatabaseTwootRepository());
Twootr twootr = new Twootr();
```

Infelizmente, essa abordagem de método gerador também tem suas desvantagens. Para começar, agora criamos uma grande esfera de estados mutáveis compartilhados. Qualquer situação em que quisermos executar uma única JVM com diferentes instâncias `Twootr` com diferentes dependências não será possível. Também associamos ciclos de vida; às vezes queremos instanciar um novo `TwootRepository` quando iniciamos o `Twootr`, outras vezes queremos reutilizar um existente. A abordagem do método factory não nos permitirá fazer isso diretamente. Pode tornar-se também bastante complicado ter um factory para toda dependência que queremos criar em nossa aplicação.

É aqui que entra a Dependency Injection. A DI pode ser encarada como um exemplo de abordagem do agente de Hollywood: não nos chame, nós ligaremos. Com a DI, em vez de criar dependências explicitamente ou usar factories para criá-las, você simplesmente pega um parâmetro e seja o que for que instancia seu objeto tem a responsabilidade de passar as dependências exigidas. Pode ser o método de configuração de uma classe de teste passando um mock ou o método `main()` de sua aplicação passando a implementação de uma base de dados SQL. Um exemplo de uso com a classe `Twootr` aparece no Exemplo 7-33. A Dependency Inversion é uma estratégia; a Dependency Injection e o padrão Repository são táticas.

Exemplo 7-33. Criando instâncias com Dependency Injection

```java
public Twootr(final UserRepository userRepository, final TwootRepository twootReposi
tory)
{
    this.userRepository = userRepository;
    this.twootRepository = twootRepository;
}

// How to start Twootr
Twootr twootr = new Twootr(new DatabaseUserRepository(), new DatabaseTwootReposi
tory());
```

Ter objetos dessa forma não só facilita a escrita dos testes para seus objetos, como também tem a vantagem de externalizar a criação dos próprios objetos. Isso permite que o código da sua aplicação ou uma estrutura controle quando o `UserRepository` é criado e quais dependências são transferidas a ele. Muitos desenvolvedores acham conveniente usar estruturas DI, como Spring e Guice, que oferecem vários recursos, além da DI básica. Por exemplo, eles definem ciclos de vida para beans que padronizam hooks a serem chamados depois que os objetos são instanciados ou antes de serem destruídos, se necessário. Podem oferecer também escopos para objetos, como objetos Singleton, que são instanciados apenas uma vez durante a vida de um processo ou objetos sob demanda. Além disso, essas estruturas DI geralmente encaixam-se perfeitamente nas estruturas de desenvolvimento web, como Dropwizard ou Spring Boot, e oferecem uma experiência produtiva já pronta.

Pacotes e Sistemas Build

O Java permite dividir sua base de código em diferentes pacotes. Ao longo deste livro, colocamos o código de cada capítulo em seu próprio pacote e o Twootr é o primeiro projeto que dividimos em diversos subpacotes dentro do próprio projeto.

Veja os pacotes que você pode consultar para os diferentes componentes no projeto:

- `com.iteratrlearning.shu_book.chapter_06` é o pacote de alto nível do projeto;
- `com.iteratrlearning.shu_book.chapter_06.database` contém o adaptador para a persistência da base de dados SQL;
- `com.iteratrlearning.shu_book.chapter_06.in_memory` contém o adaptador para a persistência na memória;
- `com.iteratrlearning.shu_book.chapter_06.web_adapter` contém o adaptador para a IU baseada em WebSockets.

Dividir grandes projetos em diferentes pacotes pode ser útil para estruturar o código e torná-lo mais fácil para os desenvolvedores. Da mesma forma como as classes agrupam métodos e estados relacionados, os pacotes agrupam as classes relacionadas. Os pacotes devem seguir regras de acoplamento e coesão semelhantes a suas classes. Coloque as classes no mesmo pacote quando estão propensas a mudar ao mesmo tempo e estão relacionadas à mesma estrutura. Por exemplo, no projeto Twootr sabemos que vamos para o subpacote `database` se quisermos alterar o código de persistência da base de dados SQL.

Os pacotes também permitem a ocultação de informações. Discutimos a ideia de ter um método construtor no escopo do pacote no Exemplo 4-3 a fim de evitar que os objetos sejam instanciados fora do pacote. Podemos também ter o escopo de pacotes para classes e métodos. Isso evita que os objetos fora do pacote acessem os detalhes da classe e nos ajuda a conseguir um acoplamento fraco. Por exemplo, `WebSocketEndPoint` é uma implementação com escopo no pacote da interface `ReceiverEndPoint` que fica no pacote `web_adapter`. Nenhum outro código no projeto deve comunicar-se diretamente com essa classe, apenas através da interface `ReceiverEndPoint` que atua como porta.

Nossa abordagem de ter um pacote por adaptador no Twootr encaixa-se bem ao padrão de arquitetura hexagonal que usamos ao longo deste módulo. Nem toda aplicação é hexagonal, e há duas estruturas de pacote comuns que você pode encontrar em outros projetos.

Uma abordagem muito comum na estruturação de pacotes é organizá-los por camadas; por exemplo, agrupando todos os códigos que geram visualizações HTML em um site em um pacote `views` e todos os códigos relacionados ao tratamento de solicitações web em um pacote `controller`. Apesar de ser popular, pode ser uma opção ruim de estrutura, pois resulta em acoplamento e coesão ruins. Se você quisesse modificar uma página

Pacotes e Sistemas Build | 163

da web existente para incluir um parâmetro adicional e exibir um valor baseado nesse parâmetro, acabaria tocando nos pacotes `controller` e `view`, e provavelmente também em muitos outros.

Uma forma alternativa de estruturar os códigos é agrupá-los por recurso. Então, por exemplo, se você estivesse escrevendo um site de ecommerce, poderia ter um pacote `cart` para o carrinho de compras, um pacote `product` para o código relativo ao catálogo de produtos, um pacote `payment` para os códigos relacionados a aceitar pagamentos com cartão etc. Isso pode geralmente ser mais coesivo. Se quisesse incluir suporte para receber pagamentos com Mastercard e Visa, então precisaria modificar apenas o pacote `payment`.

Em "Usando Maven" anteriormente, falamos sobre como configurar uma estrutura de construção básica com a ferramenta Maven. Na estrutura do projeto para este livro temos apenas um projeto Maven e os capítulos do livro são pacotes Java diferentes dentro daquele mesmo projeto. É uma estrutura de projeto boa e simples que funcionará para inúmeros projetos de software diferentes, mas não é a única. Tanto Maven quanto Gradle oferecem estruturas de projeto que constroem e produzem muitos artefatos de construção a partir de um único projeto de alto nível.

Isso pode fazer sentido se você quer empregar diferentes artefatos de construção. Por exemplo, suponhamos que você tenha um projeto cliente/servidor no qual deseja ter um único build que construa o cliente e o servidor, mas o cliente e o servidor são binários diferentes executados em máquinas diferentes. É melhor não exagerar na racionalização ou na modularização dos scripts de build.

É algo que você e sua equipe executarão regularmente em suas máquinas e a maior prioridade é que seja simples, rápido e fácil de usar. É por isso que optamos por ter um único projeto para todo o livro, em vez de submodularizar por projeto.

Limitações e Simplificações

Você viu como implementamos o Twootr e aprendeu sobre nossas decisões de design no trajeto, mas isso significa que a base de código do Twootr que vimos até aqui é a única ou a melhor forma de escrevê-lo? É claro que não! Na verdade, há inúmeras limitações em nossa abordagem e simplificações que adotamos deliberadamente para tornar a base de código explicável em um único capítulo.

Para começar, escrevemos o Twootr como se fosse executado em um único thread e ignoramos completamente a questão da simultaneidade. Na prática, podemos querer ter múltiplos threads respondendo e emitindo eventos em nossa implementação Twootr. Dessa forma, podemos usar CPUs multicore modernas e atender muitos clientes em um só lugar.

Em um sentido mais amplo, também ignoramos qualquer tipo de falha que permitiria que nosso serviço continuasse executando se o servidor onde está hospedado caísse. Ignoramos também a escalabilidade. Por exemplo, exigir que todos os nossos twoots tenham

164 | **CAPÍTULO 7: Estendendo o Twootr**

uma ordem definida é algo fácil e eficiente de implementar em um único servidor, mas representaria um sério gargalo de escalabilidade/contenção. De modo parecido, ver todos os twoots ao fazer login também causaria um gargalo. Imagine se você saísse de férias por uma semana e, ao fazer login novamente, recebesse 20 mil twoots!

Abordar essas questões detalhadamente vai além do escopo deste capítulo. Entretanto, são tópicos importantes se você quer aprofundar-se no Java, e planejamos abordá-los em detalhes nos futuros livros desta série.

Conclusões

- Você pode agora dissociar o armazenamento de dados da lógica comercial usando o padrão Repository;
- Você viu a implementação de dois tipos diferentes de repositórios dentro dessa abordagem;
- Foi apresentado a ideias de programação funcional, incluindo Java 8 Streams;
- Viu como estruturar um projeto maior com diferentes pacotes.

Iterando

Se quiser estender e consolidar o conhecimento desta seção, pode tentar uma das atividades a seguir.

Suponha que adotamos um modelo pull para o Twootr. Em vez de as mensagens serem continuamente passadas para um cliente baseado em navegador pelo WebSockets, usamos HTTP para pesquisar as últimas mensagens desde uma posição.

- Imagine como seu design teria mudado. Tente desenhar um diagrama de diferentes classes e como os dados fluiriam entre elas;
- Com TDD, implemente esse modelo alternativo para o Twootr. Você não precisa implementar as partes HTTP, apenas as classes subjacentes seguindo o modelo.

Completando o Desafio

Construímos o produto e ele funcionou. Infelizmente, ao lançá-lo, Joe percebeu que alguém chamado Jack havia lançado um produto semelhante, com um nome parecido, pegando milhões em capital de risco e com centenas de milhões de usuários. Jack só chegou 11 anos antes; que azar para Joe, de verdade.

CAPÍTULO 8
Conclusão

Se você leu até aqui, esperamos que tenha gostado do livro. Também gostamos de escrevê-lo. Neste capítulo de conclusão você aprenderá sobre aonde ir em sua carreira de programação. Damos conselhos sobre como melhorar suas habilidades e avançar para o próximo nível em sua carreira como desenvolvedor.

Estrutura Baseada em Projeto

A estrutura baseada em projetos do livro foi planejada para ajudá-lo a entender mais facilmente os conceitos de desenvolvimento de softwares. Você foi apresentado a tópicos dentro dos projetos de software a fim de entender o contexto das decisões de engenharia de software. O contexto é essencial na engenharia de software — decisões que podem ser certas em determinado contexto não são tão aplicáveis em outro. Muitos desenvolvedores usam e abusam da subclassificação devido à incompreensão do que é um mecanismo para a reutilização de códigos. Esperamos ter desencorajado essa ideia no Capítulo 4.

Mas você não pode simplesmente esperar ler um livro e, por mágica, tornar-se especialista em desenvolvimento de softwares. É necessário ter prática, experiência e paciência. Este livro está aqui apenas para ajudar a otimizar e melhorar o processo. É por isso que incluímos uma seção "Iterando" em cada capítulo; elas oferecem sugestões de como melhorar o material deste livro, assim como sua compreensão.

Iterando

Como desenvolvedor de softwares, você provavelmente costuma abordar os projetos de forma iterativa, ou seja, separa o equivalente a uma ou duas semanas de itens de trabalho, implementa, então usa o feedback a fim de decidir o próximo conjunto de itens. Descobrimos que costuma valer a pena avaliar o progresso de nossas próprias habilidades da mesma forma.

Fazer retrospectivas regulares sobre si mesmo pode ajudá-lo a ter foco e direção, caso seja necessário. O desenvolvimento de software ágil costuma envolver retrospectivas semanais, mas você não precisa fazê-las pessoalmente com tanta frequência. Retrospectivas trimestrais ou semestrais podem ser muito úteis. Um tópico que achamos útil é avaliar quais habilidades ajudariam seu trabalho atual ou futuro. A fim de garantir que essas habilidades progridam, é útil definir uma meta para o trimestre seguinte. Poderia ser algo a aprender ou a melhorar. Não é necessário que seja um objetivo grande, como aprender uma linguagem de programação totalmente nova; poderia ser algo como simplesmente adotar uma nova estrutura de testes ou alguns padrões de design.

Enxergamos resistência em alguns desenvolvedores quando se trata de habilidades. Uma pergunta que costuma ser feita é: "Como posso aprender constantemente novas tecnologias, práticas e princípios?" Não é fácil e todos estão ocupados. O truque é não se preocupar em tentar aprender tudo no setor de tecnologia. É um tiro certo para enlouquecer! Encontrar habilidades-chave que lhe servirão ao longo do tempo e se somarão a seu conjunto de habilidades existentes é o que lhe ajuda a se tornar um desenvolvedor excelente. É crucial estar sempre melhorando a si mesmo e iterando.

Prática Deliberada

Ainda que este livro tenha coberto muito conceitos e habilidades-chave necessários a um bom desenvolvedor, é importante praticá-los. Ler não é suficiente; a prática o ajuda a internalizar essas habilidades e aplicá-las você mesmo. Em seu dia a dia de trabalho, será útil buscar situações adequadas para aplicar as diferentes técnicas. Como cada padrão descrito no livro tem locais onde ele funciona e não funciona, também é útil considerar situações em que uma técnica não é útil.

Costumamos pensar que talento natural e intelecto são fatores mais cruciais para o sucesso, mas muitas pesquisas mostraram que a prática e o trabalho são a real chave do sucesso. Livros como *Desafiando o Talento*, de Geoff Colvin, e *Fora de Série — Outliers*, de Malcolm Gladwell, avaliam inúmeros fatores-chave para ser bem-sucedido em sua vida, e o mais eficiente de todos é a prática deliberada.

A prática deliberada tem propósito, é sistemática, tem o objetivo de tentar melhorar o desempenho e exige foco e atenção. Geralmente, quando as pessoas praticam suas habilidades para melhorá-las, elas apenas envolvem-se em repetições. Fazer a mesma coisa sempre esperando melhorar não é a forma mais eficiente.

Um bom exemplo foi quando estávamos explorando e aprendendo a biblioteca Eclipse Collections. Para entender e aprender a biblioteca de forma sistemática, vimos o excelente conjunto de códigos Katas que vem com a biblioteca em questão. Para garantir que estávamos tendo uma compreensão muito boa, vimos o Katas três vezes. A cada vez começávamos do zero e comparávamos a solução com a que havíamos feito anteriormente, encontrávamos formas mais limpas, melhores e mais rápidas de fazê-la.

O que acontece é que repetir comportamentos pessoais significa que eles são automáticos. Então, se você desenvolve hábitos ruins durante sua carreira, pode acabar ensinando-os a si mesmo por meio da prática em seu trabalho. A experiência reforça o hábito. A prática deliberada é o modo de quebrar esse ciclo. A prática deliberada pode envolver praticar novas abordagens de livros sistematicamente. Pode envolver pegar um pequeno problema que você resolveu antes e resolvê-lo repetidamente com diferentes abordagens. Pode envolver a participação em cursos de treinamento que tenham exercícios planejados para a prática. Independentemente do caminho escolhido, a prática deliberada é a chave para aprimorar suas habilidades com o tempo e ir além do que este livro cobre.

Próximos Passos e Recursos Adicionais

OK, então esperamos que você esteja convencido de que este livro não é o fim da linha em termos de aprendizado, mas o que você deveria pesquisar a seguir?

Lidar com códigos abertos é uma ótima forma de aprender mais sobre softwares e ampliar seus horizontes. Muitos dos projetos de código aberto Java mais populares, como JUnit e Spring, estão hospedados no GitHub. Alguns projetos podem ser mais receptivos que outros, mas geralmente os mantenedores de códigos abertos estão sobrecarregados e precisam de ajuda em seus projetos. Você poderia dar uma olhada no rastreador de bugs e ver se há algo que possa fazer.

Cursos de treinamento formal e aprendizado online são outra forma prática e popular de melhorar suas habilidades. Cursos de treinamento online são cada vez mais populares e tanto a Pluralsight quanto a O'Reilly Learning Platform têm uma ótima seleção de cursos em Java.

Outra fonte de informação fantástica para desenvolvedores são os blogs e o Twitter. Richard e Raoul estão no Twitter e costumam postar links sobre desenvolvimento de software. O Programming Reddit costuma agir como um forte agregador de links, como o Hacker News. Por fim, a empresa de treinamentos dirigida pelos autores do livro (Iteratr Learning) também oferece uma série de artigos para qualquer um ler.

Obrigado por ler este livro. Agradecemos suas opiniões e feedback, e desejamos o melhor em sua jornada como desenvolvedor Java.

Índice

A

abordagem
  bottom-up, 124
  ORMs, 146
  TDD, 90
  top-down, 125
abstração, 147
  no comportamento, 147
  nos dados, 147
acoplamento, 20
  alto, 22
  baixo, 22
adaptador
  código de implementação, 117
alterações em cascata, 38
análise
  algoritmo de, 14
    funcionamento, 14
  sintemática, 19
Analista de Extratos Bancários, 6
antipadrões, 9
  Duplicação de Código, 9
API, 36
  explícita, 36
  Fluent, 105
    intuitiva, 105
    Java, 105
    Streams, 105
  implícita, 36
aplicação para usuários, 112
arquiteturas
  hexagonais, 2
  orientadas a eventos, 2
arquivos
  compilar múltiplos, 52
  de construção, 55
    pom.xml, 55
autenticação, 123
  adaptadores de, 118
  serviços de, 118

B

biblioteca
  Jackson, 159
  Mocking
    EasyMock, 130
    Mockito, 129
    Powermock, 130
  Mockito, 93
boilerplates
  seções de código, 34
bugs, 9
build tool, 52
  Gradle, 57
    comandos, 58
  Maven, 53
    comandos, 56
    estrutura, 54

C

cenários excepcionais, 51
classes
  abstrata, 119
  abundância de, 17
  de domínio, 11
  de implementação, 64
  Deus, 74
    antipadrão, 9
  Path, 7
  simplistas, 17
  utilitária, 74
cláusula de captura, 49
cliente-servidor, modelo, 113
code smell
  duplicação de código, 31
código
  abertos, 169
  refatorado, 14

coesão, 14
   funcional, 17
   informacional, 17
   lógica, 18
   ruim, 14
   sequencial, 19
   temporal, 19
   utilitária, 18
compilação incremental, 57
complexidade
   aumento da, 36
comportamento
   parametrização de, 148
   público, 79
   validar o, 23
comunicação
   em pull, 113
   em push, 114
condição if, 43
constantes, 85
construtores, 108
critério de seleção, 32

D

dados corrompidos, 7
Declaração
   break, 101
   switch, 100
dependências de componentes, 23
design antecipado, 118
   BDUF, 118
detectabilidade, 65
diagnóstico, 82
documentação executável, 78
duplicação de código, 29

E

encapsulamento, 9
engenharia de software
   decisões de, 167
enum, tipo, 126
erros
   casos, 84
   transitório, 45
escopo do pacote, 71

estrutura
   baseada em projetos, 167
   de testes, 168
exceções, 43
   documentar, 50
   não verificadas, 44
   suportar, 45
   verificadas, 44
exportador, 39
expressões
   lambda, 1
   Switch, 99
extração de texto, 76

F

ferramenta
   convenção-padrão, 24
   de construção, 24
   de inspeção, 102
fila de mensagens, 115
filtro
   implementação, 33
formato
   de arquivos
      CSV, 6
      JSON, 18
      XML, 18
   de dados, 10
fórmula
   Given-When-Then, 26
função hash criptográfica, 123

I

importação, 63
inferência
   de tipos, 98
   local, 87
Interface
   Deus, 35
   do usuário, 159
   Exporter, 41
   funcional, 32
   granular, 36
   menores, 35

invariante, 70
iteração, 32

J

javac
   compilador, 52
JSON, 159
JUnit
   estrutura do Java, 24

L

linguagem
   complementar, 34
   recurso, 34
   Ubíqua, 65
lista de transações, 39
lógica
   comercial, 32
   de iteração, 32
   de seleção, 32
   de verificação, 94

M

manteneabilidade do código, 8
método
   Assert
      declaração, 25
      Equals, 25
      .fail, 25
   de auxílio privados, 25
   declarar, 30
   de propriedade, 119
   equals, 11
   hashcode, 11
   nível do, 20
   referências do, 34
   responsabilidades dentro do, 20
métrica
   coverage
      branch, 27
      code, 27
         Cobertura, 27
         Emma, 27
         JaCoCo, 27
      line, 27

modelo de domínio anêmico, 122
Motor de Regras Comerciais, 88
múltiplas considerações, 10

N

nomenclatura, regras, 79

O

objetos
   de domínio, 35
   de referência, 136
   de valor, 136
   mock, 128
operação
   auxiliar, 35
   CRUD
      [create, read, update, delete], 141
   de cálculo, 15
   flexibilidade na, 36

P

padrão
   Builder, 87
   da estrutura, 57
   Data Access Object (DAO), 18
   de agregação, 38
   de design, 168
      estratégico, 3
      funcional comum, 151
   de notificação, 2
   Execute Around, 151
   filter, 154
   Notification, 48
   Null Object, 51
   Query Object, 139
   reduce, 155
   Repository, 2, 140
   Unidade de Trabalho, 146
palavra-chave
   final, 8, 68
   var, 8, 98
prática deliberada, 168

preocupações
  implementação, 20
  interface, 20
Princípio
  Aberto/Fechado, 3
  de menor surpresa, 14
  DRY, 10
  KISS, 6–8
  SOLID, 2
    Dependency Inversion, 160
    Interface Segregation Principle
      (ISP), 87
    Liskov Substitution Principle
      (LSP), 69
    Open/Closed, 32
    Single Responsibility Principle
      (SRP), 104
Produto viável mínimo, 29
programação
  funcional, 147
  orientada a objetos, 147

R

refatoração, 13
referência do método, 150
relacionamento
  compreensão do, 30
  de herança, 61
repositório
  operações, 141
retorno
  void, 41

S

senha
  texto simples, 123
Sistema de Gerenciamento de
  Documentos, 62
streams, 152
subclassificação, 167

T

TDD, 63
testagem automatizada, 4
teste
  automatizado, 23
  dublês de, 4
  métrica, 27
  unitário, 24
tipagem forte, 65
tipo de dados
  java.util.Optional<T>, 52
  Try<T>, 52
TLS, protocolo, 124
Twootr
  aplicativo, 111
  pacotes, 163
  plataforma de mensagens, 4

V

Valor primitivo
  double, 39

W

WebSockets
  protocolo, 115

Projetos corporativos e edições personalizadas
dentro da sua estratégia de negócio. Já pensou nisso?

Coordenação de Eventos
Viviane Paiva
viviane@altabooks.com.br

Assistente Comercial
Fillipe Amorim
vendas.corporativas@altabooks.com.br

A Alta Books tem criado experiências incríveis no meio corporativo. Com a crescente implementação da educação corporativa nas empresas, o livro entra como uma importante fonte de conhecimento. Com atendimento personalizado, conseguimos identificar as principais necessidades, e criar uma seleção de livros que podem ser utilizados de diversas maneiras, como por exemplo, para fortalecer relacionamento com suas equipes/ seus clientes. Você já utilizou o livro para alguma ação estratégica na sua empresa?

Entre em contato com nosso time para entender melhor as possibilidades de personalização e incentivo ao desenvolvimento pessoal e profissional.

PUBLIQUE
SEU LIVRO

Publique seu livro com a Alta Books. Para mais informações envie um e-mail para: autoria@altabooks.com.br

CONHEÇA OUTROS LIVROS DA **ALTA BOOKS**

Todas as imagens são meramente ilustrativas.

 /altabooks   /alta-books   /altabooks   /altabooks   /altabooks

Este livro foi impresso nas oficinas gráficas da Editora Vozes Ltda.,
Rua Frei Luís, 100 – Petrópolis, RJ.